W0342099

V&R

Georg Plasger

Johannes Calvins Theologie – Eine Einführung

Vandenhoeck & Ruprecht

Mit 2 Abbildungen und 9 Graphiken

Bibliografische Information der Deutschen Nationalbibliothek

Die Deutsche Nationalbibliothek verzeichnet diese Publikation in der Deutschen Nationalbibliografie; detaillierte bibliografische Daten sind im Internet über http://dnb.d-nb.de abrufbar.

ISBN 978-3-525-56966-5

Umschlagabbildung: Calvin als junger Mann 1535
Anonymes Portrait. Universitätsbibliothek Genf

© 2008 Vandenhoeck & Ruprecht GmbH & Co. KG, Göttingen
Internet: www.v-r.de
Alle Rechte vorbehalten. Das Werk und seine Teile sind urheberrechtlich geschützt. Jede Verwertung in anderen als den gesetzlich zugelassenen Fällen bedarf der vorherigen schriftlichen Einwilligung des Verlages. Hinweis zu § 52a UrhG: Weder das Werk noch seine Teile dürfen ohne vorherige schriftliche Einwilligung des Verlages öffentlich zugänglich gemacht werden. Dies gilt auch bei einer entsprechenden Nutzung für Lehr- und Unterrichtszwecke. Printed in Germany.

Druck und Bindung: ⊕ Hubert & Co, Göttingen

Gedruckt auf alterungsbeständigem Papier.

Vorwort

In seinem Genfer Katechismus fragt Calvin: »Genügt es für den Christen, einmal durch den Pfarrer unterwiesen worden zu sein, oder muss man damit während des ganzen Lebens fortfahren?« Und seine Antwort lautet: »Anfangen ist zu wenig, wenn man nicht beharrlich dabei bleibt; denn wir sollen bis zum Ende, ja, ohne Ende Christi Jünger sein. Er hat darum den Dienern der Kirche dieses Amt übergeben, an seiner Stelle und in seinem Namen zu lehren.« (Abschnitt 308)

Das macht deutlich, dass Calvin das lebenslange Lernen aus der und in der Heiligen Schrift, eben die Lehre, für ein unverzichtbares Merkmal, ja, wie Calvin an anderer Stelle schreibt, sogar für das einigende Band der Kirche hält. In seinem ganzen Wirken hat sich Calvin dieser Aufgabe verpflichtet gewusst – und so sind seine Auslegungen der Heiligen Schrift wie auch seine Institutio und viele andere Schriften zu einem großen Teil dadurch gekennzeichnet, dass Calvin selber als Lehrer der Kirche tätig war.

Die vorliegende kleine Einführung in Johannes Calvins Theologie soll ein bisschen dazu beitragen, in sein Denken einzuführen, indem in thematischen Querschnitten wichtige Aspekte gebündelt werden. Dankbar habe ich von vielen Einzelstudien zu Aspekten der Theologie Calvins lernen können; zwischen den Zeilen wird manche Bezugnahme vielleicht ersichtlich.

Mit dieser kleinen Einführung möchte ich Mut machen, Calvins theologischen Erkenntnissen auf die Spur zu kommen. Jedes Kapitel kann hier kaum mehr als ein Appetitanreger sein, der einladen möchte, eine größere Mahlzeit zu sich zu nehmen. Ich gehe nämlich davon aus, dass sich die Relevanz der Theologie Calvins auch in einer Kirche des 21. Jahrhunderts immer wieder neu zeigen kann – oder zumindest die theologischen Erkenntnisse Calvins herausfordern, es heute vielleicht anders zu sagen.

Mit vielen habe ich anregende Gespräche zur Theologie Johannes Calvins führen und von ihnen interessante Aspekte wahrnehmen können – alle mögen sich ungenannt hier angesprochen wissen. Für Korrekturarbeiten danke ich den Mitarbeitenden am Lehrstuhl für Systematische und ökumenische Theologie an der Universität Siegen: Sarah Tabea Huland, Ludger Roth und Dennis Schönberger.

Siegen, im Mai 2008 Georg Plasger

Inhalt

Kapitel I
Johannes Calvins Lebensweg

Johannes Calvin, der Despot aus Genf?

Über die Person Johannes Calvins sind – vor allem in Deutschland – sehr negative Kennzeichnungen häufig anzutreffen: Er sei der Despot aus Genf, der überaus streng und seiner Richtung alle anderen zu opfern bereit gewesen sei; er habe Servet hinrichten lassen; er habe die so genannte doppelte Prädestinationslehre vertreten, nach der Gott die einen zum Heil, die anderen zum Unheil erwähle etc. Stefan Zweig hat 1936 in der Zeit des Nationalsozialismus ein Buch geschrieben: »Ein Gewissen gegen die Gewalt. Castellio gegen Calvin« und hat in literarisch geschickter Art den Despoten Hitler gemeint und Calvin gesagt – auch das hat in den vergangenen Jahrzehnten eher dazu beigetragen, das Bild Calvins in düsteren Farben zu zeichnen.

Es ist wahr, dass manche Züge Calvins den Menschen in der Moderne wohl eher fremd bleiben werden. Er ist ein Asket, der sein ganzes Leben in den Dienst der Reformation stellte und dabei streng vorgehen konnte. Aber wir werden uns bemühen müssen, ein differenziertes Bild wahrzunehmen. Denn dass von Calvin ein so verzeichnetes Bild existiert, liegt auch an den Konfessionsstreitigkeiten bis ins 20. Jahrhundert hinein. Es wurde diffamiert, unterstellt und nicht mehr fair dargestellt. Von allen Seiten ist viel Unrecht geschehen, auch von reformierter. Und in diesem Zusammenhang entstand ein Bild Calvins, das noch über Jahrhunderte fortwirkt und auch heute noch – wenn auch in abgeschwächter Form – in manchen Lehrbüchern und populären Darstellungen weiterlebt. Deswegen ist es wichtig, sich nicht von den Vorurteilen bestimmen zu lassen, sondern genauer hinzuschauen.

Kindheit und Studienjahre

Johannes Calvin wird am 10. Juli 1509 in Noyon in Nordfrankreich geboren; Calvins Vater war dort Notar des Domkapitels. Schon im Alter von knapp zwölf Jahren bekommt Johannes Calvin seine erste Pfründe, das heißt einen Teil der Einkünfte aus einer Pfarrei. Nach dem Schulbesuch in Paris und anfänglicher Pläne seines Vaters, Calvin Theologie studieren zu lassen, beginnt Calvin vermutlich 1528 das Jurastudium in Orléans, einer damals sehr berühmten Fakultät. Er arbeitet verbissen und eifrig, lernt in wenigen Monaten Griechisch und lässt sich immer mehr von humanistischen Idealen beeinflussen. 1529 verlässt Calvin Orléans und studiert weiter in Bourges bei dem berühmten Juristen Alciat. 1531 erfährt Calvin, dass sein Vater schwer erkrankt ist, reist nach Noyon und kann seinem Vater in den letzten Stunden beistehen.

Nach dem Tod seines Vaters geht Johannes Calvin nach Paris; er ist jetzt unabhängig und widmet sich neben seinen juristischen vor allem literarischen Studien. In Paris hatte König Franz I. eine neue humanistisch orientierte Universität gegründet, an der sich Calvin einschreibt. Im Winter 1531/32 verfasst Calvin einen Kommentar zu Senecas ›De clementia‹ – Über die Milde (Traktat); dieses Buch macht ihn bekannt und reiht ihn ein in die führende Humanistenriege Frankreichs. Dann kehrt er nach Orléans zurück und beschließt sein Jurastudium als »Licentiat der Rechte«.

Die Bekehrung zur Reformation

Die Frage, wann Calvin seine Bekehrung hin zur Reformation erfahren hat, ist Gegenstand unzähliger Untersuchungen, wobei die Belege spärlich sind. Calvin gibt selber an, er habe solch eine Bekehrung (subita conversio) erlebt. Calvin schreibt das im Rückblick, aber er gibt keine Jahreszahl an. Es muss vor dem 4. Mai 1534 gewesen sein, denn da reist Calvin nach Noyon und verzichtet auf seine Pfründen – und das ist zu verstehen als Konsequenz seiner Abwendung vom Katholizismus. Die Bekehrung könnte auch schon 1533 stattgefunden haben. Das ist dann anzunehmen, wenn Calvin an der Abfassung der so genannten Cop-Rede beteiligt war. Der Mediziner Nikolaus Cop, Rektor der Pariser Universität, an der auch Calvin studiert, hält am 1. November 1533 eine Ansprache zur Semestereröffnung. Diese Ansprache, eine Auslegung der Seligpreisungen aus der Bergpredigt, ist inhaltlich ein Lob auf das Evangelium. Die Franziskaner, in deren Kirche die Rede gehalten wird, bezichtigen Cop umgehend der Häresie, und einige Wochen nach der Rede flieht Cop aus Paris in seine Heimatstadt Basel. Sehr kontrovers wird in der Calvin-Forschung diskutiert, ob Cops Rede mindestens zum Teil von Calvin stammt. Wenn das stimmt, wäre Calvin schon im Herbst 1533 reformatorischer Gesinnung gewesen.

Im Oktober 1534 findet in Paris die so genannte Plakataffäre statt. Plakate gegen die Messe werden öffentlich ausgehängt; daraufhin werden die »Lutheraner«, wie man die reformatorisch Gesonnenen bezeichnet, als Urheber dieser Verschwörung gegen die öffentliche Ordnung und die Religion benannt. Calvin hatte im Vorfeld der Plakataktion Aufmerksamkeit dadurch erregt, dass er sich offen zum evangelischen Glauben bekannt und auch tatkräftig dafür geworben hatte. Jedenfalls flieht auch Calvin Anfang 1535 aus Paris nach Basel. Letztlich wird man in der präzisen Datierung vorsichtig zu sein haben. Für Calvin mag es ein einzelnes Ereignis gewesen sein, aber es kann sich ebenso um einen längeren Prozess gehandelt haben. Entscheidend ist das Resultat: Calvin hat bis zum Jahr 1534 eine »conversio« erlebt, eine Hinwendung zum Evangelium, die ihn zu deutlichen Konsequenzen veranlasst.

Erster und zweiter Genfer Aufenthalt

In Basel lebt Calvin unter einem Pseudonym »Lucianus«, einem Anagramm aus Calvinus. Er arbeitet an einem evangelischen Katechismus für die französischen Reformierten, und im August 1535 schließt er sein Werk ab; gedruckt liegt es im März 1536 vor. Neben der Abfassung seines Katechismus, den er »Institutio christianae religionis« (Unterricht in der christlichen Religion) nennt, studiert er weiter die Bibel, Werke Martin Luthers, Philipp Melanchthons und auch Martin Bucers. Spätestens hier lernt er Hebräisch und liest auch die Scholastiker; er muss ein ungeheures Arbeitspensum absolviert haben.

Im April 1536 reist Calvin nach Paris und trifft seine Geschwister wieder. Dann will er weiter nach Straßburg reisen, um Bucer und andere zu treffen, muss aber aufgrund kriegerischer Auseinandersetzungen einen Umweg über Lyon und Genf nehmen. In Genf war 1535 die Reformation seitens des Rates der Stadt eingeführt worden, auch um die Selbstständigkeit der Stadt Genf gegenüber den Bischöfen zu betonen. Deshalb fehlte es der Reformation an Genf an inhaltlicher Verwurzelung. Die römisch-katholische Partei ist weiterhin einflussreich, und der Genfer Reformator Wilhelm Farel sah sich allein überfordert; Calvin wird »Lektor der Heiligen Schrift an der Genfer Kirche«.

1537 macht Calvin dem Rat der Stadt einen Vorschlag zur Neuorganisation der Kirche. Darin wird ein Grundzug der Theologie Calvins deutlich: Es geht ihm immer um die Gestalt der Kirche und also darum, wie sie lebt. Zwar will er keine exklusive Gemeinschaft der Erwählten – das war das Konzept der so genannten Wiedertäufer. Vielmehr versteht Calvin die Kirche als Gemeinschaft derer, die aus eigenen Stücken dazugehören wollen. Der Psalmengesang in den Gottesdiensten wird eingeführt – noch heute ein Kennzeichen reformierter Gemeinden weltweit. Ein katechetischer Unterricht wird aufgebaut, ein Katechismus geschrieben, viel kürzer als die Institutio und deutlich an Luthers Kleinen Katechismus angelehnt. Aber der Rat der Stadt tut sich schwer mit Calvins Reformvorschlägen. Man stimmt den Anträgen erst nach langem Zögern zu. Die Lage eskaliert, als man den Einwohnern von Genf unterbreitet, sie möchten doch das Glaubensbekenntnis unterschreiben. Viele wollten das nicht, und so wachsen durch dieses fehlgeschlagene Experiment die Spannungen zwischen den Katholiken und den Evangelischen. Es war wohl ein Fehler Calvins, sich hier durchsetzen zu wollen. Der Widerstand gegen Calvin wächst. 1538 gibt es Wahlen in Genf, und dort tragen die eher römisch-katholisch gesonnenen Oppositionsparteien den Sieg davon. Neben der allgemeinen Unruhe in der Bevölkerung sorgen auch die Wiedertäufer für zusätzliche Probleme. Und es werden schwere auch dogmatische Anschuldigungen gegen Farel und Calvin erhoben, etwa, dass Calvin ein Arianer sei und die göttliche Natur Christi leugne. Diese Unterstellung trifft Calvin inhaltlich nicht. Aber Calvin geht auf die Vorwürfe nicht ein. Deshalb wird die Sache nach Bern gebracht, wo Calvins Haltung Verdacht erregt. Calvins Position in Genf ist durch diese Unterstellungen geschwächt worden. Der neue Rat verbietet Calvin und Farel, am Ostersonntag zu predigen. Calvin und Farel setzen sich über das Gebot hinweg, daraufhin werden sie ihres Amtes enthoben und müssen die Stadt verlassen. Es scheint, dass die Genfer Zeit nur eine Episode gewesen ist. Calvin will nach Basel zurückkehren und dort seine Studien wieder aufnehmen, Farel wird schon im Juli nach Neuchâtel berufen. Freunde kritisieren Calvin für seine Halsstarrigkeit, und auch er selber sieht ein, dass er verkehrt und zu stur gehandelt hat und zieht daraus den Schluss, dass er für eine öffentliche Wirksamkeit nicht in Frage komme, sondern eher ein stilles Gelehrtendasein führen will und soll.

So weigert er sich auch eine ganze Weile lang auf die Bitte der Straßburger hin, zu ihnen zu kommen und die dortige französische Flüchtlingsgemeinde als Pastor zu betreuen. Aber schließlich kommt er doch nach Straßburg, das damals eines der bedeutendsten Zentren des deutschen Protestantismus war. Neben dem Pastorat hat Calvin an der neugegründeten Hochschule einen Lehrstuhl für Exegese inne. Vor allem arbeitet er an einer neuen Ausgabe seiner Institutio, die 1539 erscheint. War es vorher eher ein ausführlicher Katechismus gewesen, der sich zudem noch an Luthers Theologie orientiert, ist es jetzt ein eigenständiges umfangreiches Lehrbuch der Dogmatik. Die Straßburger Zeit ist ausgefüllt. Jede Woche hält er vier Predigten, seine Vorlesungen, arbeitet seine Bücher aus und unternimmt auch noch mehrere Reisen, um an Religionsgesprächen teilzunehmen, etwa 1539 in Frankfurt/Main. Dort macht Calvin die Bekanntschaft mit Melanchthon; zwischen beiden entsteht eine Freundschaft. Der engste Mitarbeiter Luthers wird also zum Freund Calvins. Vor Luther hat Calvin zeit seines Lebens großen Respekt, auch Luther äußert sich positiv über Calvin, aber gleichzeitig hat Calvin in Luthers letzten Lebensjahren Mühe mit dessen Starrköpfigkeit.

Die Lage in Straßburg scheint für Calvin günstig; deshalb entstehen Pläne, dort für lange Zeit zu bleiben: 1539 erhält er auf eigenen Wunsch das Bürgerrecht in der kleinen Republik. Und auch seine finanzielle Lage verbessert sich, nachdem er anfangs sogar einen Teil seiner Bücher hat verkaufen müssen. 1540 heiratet Calvin Idelette de Bure, die Witwe eines Wiedertäufers.

In Genf hatten sich unterdes manche unerfreulichen Dinge ereignet. Das kirchliche Leben war in Unordnung geraten. Bern versucht, die Kontrolle über Genf zu bekommen. Dann werden auch die Nachfolger von Calvin und Farel aus der Stadt gejagt. Man fürchtet einen Konflikt, sogar einen bewaffneten. Die Reformierten bewegen einen Teil der Gegner zur Einsicht, dass die Ordnung nur wieder hergestellt werden könne, wenn Calvin so schnell wie möglich zurückgerufen werde. Das Werben um Calvin dauert insgesamt mehr als ein halbes Jahr, bis Calvin am 13. September 1541 Calvin wieder in Genf ankommt, jedoch entgegen seiner Planung nicht nur für einige Monate, sondern für den Rest seines Lebens.

Aufbau der Genfer Kirche

Als Calvin nach Genf zurückkehrt, ist seine erste Predigt eine Fortsetzung der letzten: Damit knüpft Calvin nahtlos an seine Zeit 1538 an. Aber seine Stellung in Genf ist nun natürlich mächtiger, er ist ja zurückgeholt worden, um die Stadt und die Kirche zu ordnen.

Dabei kann aber Calvin nicht alles durchsetzen. Es gelingt beispielsweise nicht, dass jeden Sonntag Abendmahl gefeiert wird. Auch in anderen Hinsichten gibt es Konflikte. Calvin will die Kirchenzucht weiter einführen und praktiziert sehen. Das heißt: Das Konsistorium soll die Möglichkeit haben, die Gemeindeglieder, die sich eines Vergehens gegen die Lehre oder die Sittlichkeit schuldig gemacht hätten, vorzuladen, zu befragen, gegebenenfalls zu tadeln bis hin zum äußersten Mittel der Exkommunikation. Das aber hält der Rat der Stadt für zu weitgehend, weil man eine Gerichtsbarkeit neben der politischen Führung befürchtet. Nach einigem Hin und Her setzt sich Calvin – nicht ohne Abstriche und ganz erst 1555 – durch.

Wir empfinden heute solche Worte von der Kirchenzucht als problematisch. Denn damit scheinen die Rechte der Einzelnen eingeschränkt zu werden. Darum geht es Calvin nicht. Er ist der Auffassung, dass eine Gemeinde, die weiß, wer sie ist, auch darauf achten muss, wie sich die, die sich zu ihr zählen, verhalten. Und dass bei groben Verstößen gefragt werden muss, ob wirklich Gemeinschaft gehalten werden kann. Calvin fühlt sich übrigens in dieser Hinsicht von Matthäus 18 geleitet und unterstützt, wo der Umgang mit Vergehen von Gemeindegliedern thematisiert wird. Die Frage der Kirchenzucht führt zu den meisten Konflikten auch mit dem Genfer Rat. Wichtiger in der Kirchenordnung ist aber die Art und Weise, wie die Gemeinde selber geleitet wird. Und da ist das vierfache Amt bei Calvin prägend geworden für den Weg der Kirche. Das Kirchenregiment besteht aus vier Ämtern, nämlich aus den Pastoren, den Lehrern, den Ältesten und den Diakonen. Das macht deutlich, dass innerhalb der vor Ort existierenden Gemeinde bestimmte Aufgaben zu erledigen sind. Solche, die eher dem Bereich der Lehre und der Bildung angehören, ebenso wie andere, die diakonische Dimensionen berühren. Die Ämter in der Gemeinde sind von diesen Aufgaben her zu verstehen, und das heißt funktional. Dieses funktionale Amtsverständnis unterscheidet Calvin von allem sakramentalen Amtsverständnis.

Neben der Tätigkeit in Genf ist Calvin bemüht, die verschiedenen evangelischen Strömungen zu einen. Beim Abendmahl erzielt er 1549 eine Übereinstimmung mit den Zürchern im »Consensus Tigurinus« (Zürcher Konsens).

Der Fall des 1555 als Häretiker hingerichteten Michael Servet ist differenzierter, als es oft dargestellt wird. Zwar hat Calvin wie die anderen Schweizer Reformatoren dem Todesurteil des Rates zugestimmt und durch die Auslieferung von belastenden Materialien zur Verurteilung beigetragen – ein Verhalten, das wir heute kritisch sehen müssen. Aber es ist kein Verfahren Calvins gegen Servet gewesen, wie es im Nachhinein oft dargestellt wurde.

Calvins letzte Jahre

Im Jahre 1549 stirbt Calvins Frau; auch der gemeinsame Sohn verstirbt früh. Im Jahre 1559 gründet Calvin in Genf die Akademie mit drei Lehrstühlen: Griechisch, Hebräisch und Philosophie. Die Akademie ist die Ausbildungsstätte für viele Theologen, die sich der Reformation angeschlossen haben und dann zu Reformatoren ihres Landes werden; die Wirkung kann gar nicht überschätzt werden. So studieren etwa John Knox aus Schottland in Genf und viele andere aus vielen Ländern dort. Die Akademie kann als Krönung des Werks von Calvin gelten: Hier bekommt die Schriftauslegung als zentrales Anliegen Calvins ihren organisierten Raum.

Im gleichen Jahr erscheint die letzte Überarbeitung der Institutio. Sie ist jetzt ein dickes Lehrbuch mit vier Büchern und 24 Kapiteln und gehört zu den großen dogmatischen Werken der evangelischen Theologie.

Wohl aufgrund seiner zu großen Arbeitsmühe in seinem Leben wird Calvin, der eine Fülle von Krankheiten durchlebt hatte, immer schwächer. Am 27. Mai 1564 stirbt Calvin in Genf. Sein Grab erhält auf eigenen Wunsch keinen Grabstein. So weiß heute keiner mehr, wo genau Calvin begraben liegt. In seiner Abschiedsrede vom 28. Februar 1564 formuliert Calvin im Rückblick:

> Ich habe viele Schwächen gehabt, die Ihr ertragen musstet, und selbst all das, was ich getan habe, ist im Grunde nichts wert. Die schlechten Menschen werden diesen Ausspruch bestimmt ausschlachten. Aber ich wiederhole noch einmal, dass all mein Tun nichts wert ist und ich eine elende Kreatur bin. Ich kann allerdings wohl von mir sagen, dass ich das Gute gewollt habe, dass mir meine Fehler immer missfallen haben und Gottesfurcht in meinem Herzen Wurzeln geschlagen hat. Ihr könnt es bestätigen, dass mein Bestreben gut gewesen ist. Darum bitte ich Euch, dass Ihr mir das Schlechte verzeiht. Wenn es aber auch etwas Gutes gegeben hat, so richtet Euch danach und befolgt es![1]

Calvin stammt aus Frankreich, und sein ganzes Leben ist auf Frankreich hin ausgerichtet gewesen. Er will die Gemeinden in Frankreich, die unter Verfolgung leiden, stärken. Ihnen zu dienen war sein großes Lebensziel. Er hat es geschafft, die reformierten Kirchen durch eine gemeinsame Lehre und durch die Kirchenordnung zu einen. Aber er stirbt zu früh, um den französischen Gemeinden in den späteren Religionskriegen in Frankreich mit Rat und Tat zur Seite zu stehen.

Beeindruckend ist seine Briefkorrespondenz mit ganz Europa, ca. 2000 Briefe sind erhalten. Es finden sich Briefe an politische Führungspersönlichkeiten ebenso wie an andere Reformatoren innerhalb und außerhalb der Eidgenossenschaft. In vielen Briefen geht es um die Situation der Evangelischen in Frankreich, aber auch darüber hinaus. Daneben aber finden sich auch ganz viele Briefe, die den Seelsorger Calvin zeigen, der es versteht, auch einfachen Gemeindegliedern auf ihre Glaubens- und Lebensfragen hin hilfreichen und lebensförderlichen Rat zu eben.

Kapitel II
Gott und sich selber erkennen

Die Weisheit menschlichen Lebens besteht in der Erkenntnis Gottes und in der Selbsterkenntnis. Gott wird dann recht erkannt, wenn er als der den Menschen und der Welt in Jesus Christus zugewandte Gott geglaubt wird. Das geschieht, indem der Mensch Gott anerkennt, ihm vertraut und ihn in Glauben und Handeln ehrt. Der Mensch erkennt sich selber dann recht, wenn er bei sich selbst keinen Grund zum Ruhm findet; das wiederum treibt ihn zur Gotteserkenntnis hin.

Gotteserkenntnis und Selbsterkenntnis als Lebensvollzug

»Was ist der Sinn menschlichen Lebens?«[1] Oder anders übersetzt: Was ist der Zweck menschlichen Lebens, wozu ist es da? Mit dieser wohl jeden Menschen wenn nicht allezeit so doch immer wieder umtreibenden Frage steigt Calvin in den Genfer Katechismus ein. Sogleich ist Calvin mitten im Leben, ist dies ja keine rein religiöse Frage, die nur einen Teilbereich des Menschen umgreift. Das ganze menschliche Leben ist nach Calvin auf seine Sinnhaftigkeit befragt. Und auf die knappe Frage gibt es bei Calvin im Genfer Katechismus eine ebenso knappe Antwort: Die Erkenntnis Gottes unseres Schöpfers ist der Sinn unseres Lebens. Calvin sieht also in der Gotteserkenntnis den Sinn und den Zweck menschlichen Lebens. In der Institutio nennt Calvin das Finden dieses Lebenszwecks Weisheit:

All unsere Weisheit, sofern sie wirklich den Namen Weisheit verdient und wahr und zuverlässig ist, umfaßt im Grunde eigentlich zweierlei:

Die Erkenntnis Gottes und unsere Selbsterkenntnis. Diese beiden aber hängen vielfältig zusammen, und darum ist es nun doch nicht so einfach zu sagen, welche denn an erster Stelle steht und die andere aus sich bewirkt.[2]

Es fällt auf, dass hier, in der Institutio, neben der Gotteserkenntnis auch die Selbsterkenntnis extra genannt wird – im Katechismus ist dies implizit enthalten. »Wer bin ich?« ist also nach Calvin eine entscheidende Frage, die von der Erkenntnis Gottes nicht gelöst werden kann – und umgekehrt gilt auch: Wer Gott ist, kann nicht unabhängig von der eigenen Existenz verstanden werden. Nun ist es bei Calvin wichtig, dass diese beiden Dimensionen einen Lebensprozess darstellen, in dem beide aufeinander bezogen sind und die jeweils die andere Erkenntnis aus sich selber freisetzen.

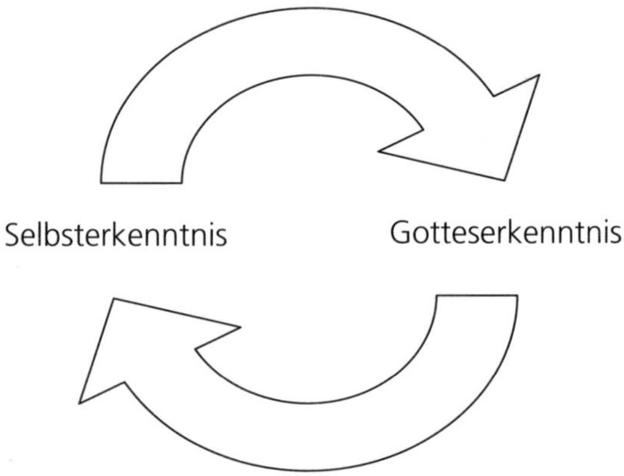

Im Genfer Katechismus formuliert Calvin, dass der Mensch Gott dann zuverlässig erkennt, wenn der Mensch Gott die Ehre erweist.[3] Gotteserkenntnis ist keine abstrakte und theoretische Sache, sondern Lebensvollzug. Gotteserkenntnis ist also nicht rein kognitiv. Damit macht Calvin bereits deutlich, dass das Erkennen den ganzen Menschen betrifft. Calvin folgt hier biblischen Vorgaben. Wenn sich nach biblischem Sprachgebrauch Mann und Frau einander erkennen, dann ist das Ausdruck innigster Lebensgemeinschaft. Und Gotteserkenntnis ist genau hier anzusiedeln.

Wo und wie findet Gotteserkenntnis statt und was ist dort zu erkennen?

In der Institutio sind die ersten beiden Bücher der Gotteserkenntnis gewidmet. Calvin unterscheidet hier die Erkenntnis Gottes des Schöpfers und die Erkenntnis Gottes des Erlösers. Nun wird man diese beiden Akzente nicht so unterscheiden dürfen, dass Calvin eine zweifache Gotteserkenntnis lehrt, nach der Gott als Schöpfer vielleicht in der Natur und Gott als Erlöser vielleicht in der Bibel zu erkennen sei. So unterscheidet Calvin nicht. Denn auch die Lehre von der Dreieinigkeit Gottes behandelt Calvin in seinen Ausführungen zu Gott als Schöpfer. Beide Linien gehören zusammen und bezeichnen eher deutlich zu unterscheidende Akzente. Denn wo ist Gott zu erkennen? Oder besser gefragt: Wo gibt sich Gott zu erkennen? Entscheidend ist nämlich, dass letztlich der Mensch von sich aus nicht die Möglichkeit hat, Gott zu erkennen. Es bedarf der Offenbarung des unsichtbaren Gottes.

Hier hat es nun in der theologischen Diskussion in den dreißiger Jahren des 20. Jahrhunderts eine heftige Diskussion um Calvins Verständnis der Gotteserkenntnis gegeben. Behauptete Emil Brunner auf der einen Seite, dass nach Calvin der Mensch die Möglichkeit einer natürlichen Gotteserkenntnis habe, widersprach ihm Peter Barth heftig. Calvin spricht in der Tat von einer dem Menschen von Natur aus vorhandenen »Empfindung für die Gottheit«,[4] aber diese ist bei Calvin kein Fundament, auf dem dann weiter gebaut werden könnte. Vielmehr ist durch die Sünde die Möglichkeit des Menschen, Gott von sich aus zu erkennen, faktisch nicht vorhanden. Emil Brunner überinterpretiert einzelne Aussagen Calvins und reißt sie aus ihrem Zusammenhang: »Um zu Gott, dem Schöpfer zu gelangen, bedarf es der Schrift als Führerin und als Leiterin.«[5]

Nun gibt sich aber Gott nicht so zu erkennen, dass er gleichsam als ein verwechselbarer Gegenstand zu fassen wäre. Calvin gebraucht deshalb immer wieder den Begriff des Spiegels. Diese Vorstellung hat er aus 1Kor 13 entnommen, wo Paulus davon spricht, dass »wir jetzt durch einen Spiegel sehen«.[6] Was ist dieser Spiegel, durch den sich Gott nicht direkt, aber doch indirekt zu erkennen gibt? »Dieser Spiegel ist die Predigt des Evangeliums, die Gott als Mittel gesetzt hat, um sich uns darin zu offenbaren.«[7] Wir haben also nur das Wortgeschehen, durch das uns Gott sich selber bezeugt – und auch die Sakramente sind ihrerseits Explikationen des Wortes. Stünden wir auf der Höhe Gottes, so Calvin weiter, könnten wir ihn direkt sehen – so zeigt sich Gott nämlich den Engeln –, da wir aber mit irdischen Grenzen behaftet sind, gilt das für uns in diesem Leben nicht; das Schauen in den Spiegel ist »noch dunkel«.[8] Verheißen ist aber nach Calvin, dass wir nach diesem Leben, am Tage der Wiederkunft Christi, Gott unmittelbar schauen werden, »wie er ist, nicht mehr sein Bild, sondern ihn selbst.«[9] Jetzt aber leben wir in der Beschränkung des Spiegels. Und so ist beides betonbar: Einerseits sehen wir nicht mehr als nur den Spiegel und können Gott aufgrund unserer Unvollkommenheit nicht fassen. Andererseits aber – und das ist der positive Grundton, der Calvins ganze Theologie leitet: Gott offenbart sich dem Menschen so, dass er ihn in seinem Wort erkennen kann. Übrigens ist für Calvin auch die Welt, die ganze Schöpfung ein Spiegel der Herrlichkeit Gottes, aus der uns »eine Kunde von Gott entgegen«[10] strahlt. Doch ist des Menschen Auge nicht in der Lage, das zu erkennen. Diese Unfähigkeit ist nach Calvin aber nicht einfach nur Schwachheit, sondern ist das Ergebnis der menschlichen Sünde. Damit wird auch im Vollzug deutlich, dass die Selbsterkenntnis – und das heißt hier die Erkenntnis der eigenen Schwachheit als Folge der Sünde – in einem direkten Zusammenhang mit der Erkenntnis Gottes steht.

Gott gibt sich selbst zu erkennen

Was gibt nun aber Gott von sich in der Predigt des Evangeliums zu erkennen? Diese Frage ist nicht identisch mit der Frage, wie Gott denn recht erkannt wird, weil das auch den Erkennenden direkt mit in den Blick nimmt. Hier geht es zunächst um die Frage, was Gott zu erkennen gibt. Knapp und vereinfacht gesagt lautet die Antwort: Gott gibt sich selbst zu erkennen. Er zeigt nicht nur etwas von sich, nein, er gibt sich selbst zu erkennen, so wie er ist. Der Vorbehalt, dass es keine Definition Gottes gibt, so dass man Gott fassen könnte, bleibt natürlich bestehen.

Gott zeigt sich als Dreieinheit, als Vater, Sohn und Heiliger Geist. Übrigens ist es typisch für Calvin, dass er sowohl die Einheit als auch die Dreiheit Gottes betonen kann – Letzteres hat ihm zu Unrecht den Vorwurf eingebracht, er würde tendentiell einen Tritheismus vertreten. Gott gibt sich selber als der dreieinige Gott zu erkennen.

Gott gibt sich als der Schöpfer der Welt zu erkennen. Er hat die Welt am Anfang geschaffen und er erhält und regiert sie noch heute.

Gott gibt sich als Erlöser in Jesus Christus zu erkennen. Hier ist bei Calvin der Herzschlag seiner Theologie zu erkennen, und deshalb antwortet Calvin auch bejahend auf die Frage: »Gott in Christus zu kennen, ist also Anfang und Grundlage dafür, daß wir unser Vertrauen auf Gott setzen können?«[11] Gott in Christus zu kennen heißt eine Geschichte zu hören und zu verstehen bekommen. Eine Geschichte über den Menschen, der sich unter die Sünde versklavt hat, dessen Natur daraufhin verdorben ist und der auch keinen freien Willen mehr hat, sich Gott zuzuwenden. Diesem Menschen kommt Gott nahe und rettet ihn, indem Gott für die Menschen in Christus selber Mensch wird, stirbt und aufersteht und ihnen so das Leben erwirbt. Später wird die Bedeutung Jesu Christi ausführlicher erläutert werden; hier mag zunächst nur ein Hinweis zu stehen kommen.

Gott gibt sich als dreieiniger Schöpfer und Erlöser als den Menschen zugewandt zu erkennen. Hier ist Calvins Lehre vom Heiligen Geist zu verorten. Deswegen ist die Lehre von der Gotteserkenntnis von vornherein auch Lehre vom Heiligen Geist, weil jegliche Gotteserkenntnis geistgewirkt ist. Letztlich aber ist Calvins ganze Theologie eine Explikation dieser grundlegenden Einsicht: Gott gibt sich als Vater, Sohn und Heiliger Geist zu erkennen.

Wir erkennen uns selbst

Nun wäre aber Calvin noch nicht wirklich verstanden, würde hier das Ende dieses Abschnitts schon erreicht sein. Was bis jetzt herausgestellt wurde, ist nur ein Schritt innerhalb der Gotteserkenntnis. Es fehlen noch zwei weitere.

Einer ist implizit schon genannt worden: Es ist der Schritt der Selbsterkenntnis. Was erkennen wir nach Calvin über uns selbst angesichts der uns zugewandten Liebe Gottes? »Wir empfinden unsere Unwissenheit, Eitelkeit, Armut, Schwachheit, unsere Bosheit und Verderbnis«[12] – und dies alles lässt den Menschen suchen nach der Erkenntnis des überaus großen Reichtums Gottes. Der Mensch findet bei sich selber nicht das Leben, das Gott ihm zugedacht hat. Und das ist die Sünde des Menschen, die bei Calvin nicht mit moralischen Kategorien zu fassen ist. Sie ist nur innerhalb dieser Bewegung hin zur Erkenntnis Gottes und von ihr her zu sehen. Einerseits lässt sie den Menschen fragen nach der Fülle, die er nicht bei sich selber findet. Und andererseits wird angesichts der überaus großen Gnade Gottes, angesichts von Gottes Macht und Liebe der Mensch seiner Armseligkeit um so stärker ansichtig. Der Erlöser zeigt die Erlösungsbedürftigkeit des Menschen und die Erlösungsbedürftigkeit des Menschen lässt ihn nach der Erlösung suchen.

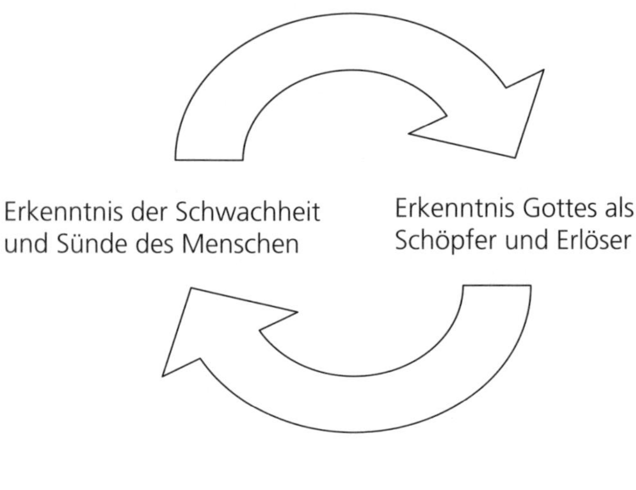

Hier ist bei Calvin ein deutlicher Akzentunterschied zu Martin Luther zu erkennen, ohne dass man von einem Gegensatz sprechen könnte. Luther betont in seiner Theologie die Reihenfolge von Gesetz und Evangelium. Das Gesetz zeigt dem Menschen, dass er, indem er es nicht erfüllt und auch nicht erfüllen kann, erlösungsbedürftig ist. Das Evangelium sagt dem Menschen dann, dass Gott ihm die Sünde vergibt. Auch Calvin kennt diese Reihenfolge vom Gesetz hin zum Evangelium; auf der Skizze ist das im oberen Pfeil verdeutlicht. Aber daneben kennt Calvin auch die andere Bewegung, dass nämlich die Selbsterkenntnis des Menschen auch eine Folge der Gotteserkenntnis ist. Einen prinzipiellen Einstieg bei nur einer der beiden Erkenntnisse zu nehmen ist deshalb nach Calvin auch nicht nötig und sinnvoll. Auch macht das deutlich, dass diese Bewegung das Leben jedes Christen und jeder Christin prägt.

Gottes- und Selbsterkenntnis als Ehrung Gottes

Der zweite noch fehlende Schritt ist jetzt gleichsam der für Calvin typische: Der Vollzug der Gottes- und Selbsterkenntnis ist integraler Bestandteil bei Calvin. Deswegen bündelt der Genfer Katechismus wie oben schon erwähnt: »Welches ist nun aber die wahre und rechte Erkenntnis Gottes? Diejenige, bei welcher ihm die angemessene und geschuldete Ehre erwiesen wird.«[13] Wenn der Mensch Gott in seinem Schöpfer- und Erlöserhandeln und sich selber als erlösungsbedürftig erkennt, ist dies kein kognitiver Akt, bei dem das Wissen das Ziel wäre. Sondern das Ziel ist das christliche Leben, in dem der Mensch Gott ehrt, das heißt ihm das gibt, was ihm zukommt.

Neben der Erkenntnis ist darum ein zweiter Begriff für die Theologie Calvins kennzeichnend: Die Ehre Gottes. Anders als vor gut einhundert Jahren ist es nun wichtig, diesen Begriff, der sich bei Calvin häufig findet, nicht von fremden und Calvin unpassenden Ehrvorstellungen füllen zu lassen. Wenn Calvin von der Ehre Gottes spricht, die der Mensch Gott geben, ihm erweisen soll, dann bedeutet Ehre die Ehrung Gottes. Und wenn es an anderer Stelle heißt, dass die ganze Welt das Theater zur Ehre Gottes[14] ist, dann soll damit deutlich werden, dass Gotteserkenntnis und Selbsterkenntnis zur Ehre führen sollen und dass also das christliche Leben ein Beziehungsgeschehen zwischen Gott und Mensch ist. Diese Beziehung zu gestalten, sie so zu erfüllen, dass der Mensch seinen Lebenszweck findet – das ist der Grundcharakter von Calvins Theologie.

Gottes- und Selbsterkenntnis stehen daher nicht für sich selber, sondern zielen auf die rechte Gestaltung im Leben des und der Einzelnen, aber auch im Leben der Gemeinde Gottes. Calvin kann deshalb seine Gedanken zusammenfassen:

> In welcher Weise wird er [nämlich Gott] dann recht geehrt? Wenn wir all unser Vertrauen auf ihn setzen, wenn wir uns bemühen, ihm mit unserem ganzen Leben zu dienen, indem wir seinem Willen gehorchen, wenn wir ihn in allen Nöten anrufen und unser Heil, und was wir sonst uns an Gutem nur wünschen können, bei ihm suchen, und endlich, indem wir mit Herz und Mund ihn als alleinigen Urheber alles Guten anerkennen.[15]

Kapitel III
Die Heilige Schrift als Mitteilung des Wortes Gottes

Der Ort der rechten Gottes- und Selbsterkenntnis ist die Heilige Schrift. Die herausgehobene Stellung der Heiligen Schrift kommt ihr aufgrund ihres Inhaltes zu: Hier teilt Gott sein Wort mit. Diese Einsicht wird durch den Heiligen Geist bewirkt, der wiederum nur in der Schrift erkannt werden kann. Die beiden Teile der Heiligen Schrift, Altes und Neues Testament, bezeugen beide das Evangelium.

Die Autorität der Heiligen Schrift

Calvin hat die rechte Gottes- und Selbstkenntnis als den eigentlichen Sinn des Lebens bestimmt. Und er hat auch bereits gesagt, worin beides besteht: Gott ist als Schöpfer und Erlöser zu erkennen und der Mensch erkennt sich selber als schwach und sündig.

Es ist jetzt als nächstes zu fragen, wie Calvin zu diesen Aussagen kommt. Zwar kann er zugestehen, dass der Mensch von sich oder von Natur aus eine »Empfindung für die Gottheit«[1] hat. Das aber ist für Calvin kein Anknüpfungspunkt, nötig ist vielmehr die Heilige Schrift, die den Menschen zur Gottes- und Selbsterkenntnis leitet. Diese für die gesamte Reformation durchaus charakteristische Aussage lässt danach fragen, inwiefern gerade diese eine Quelle anderen Erkenntniswegen prinzipiell übergeordnet wird.

Externe Gründe für die besondere Rolle und Glaubwürdigkeit der Bibel lassen sich durchaus benennen, so Calvin. Die literarische Qualität, das Alter der Texte, die historische Zuverlässigkeit z.B. der prophetischen Aussagen und auch die tiefe Schlichtheit der neutestamentlichen Evangelien sind hier zu betonen. Ein Argument für die hohe Bedeutung der Bibel ist auch ihre eigene Geschichte – trotz aller Versuche ist sie nicht in Vergessenheit geraten, sondern ist im Gedächtnis vieler Völker präsent geblieben und hat bis in die Gegenwart hohe kulturelle Relevanz.

Aber ausreichend für die isolierte Stellung und die besondere Autorität der Heiligen Schrift sind diese externen Gründe nicht. Die wirkliche Autorität der Schrift ist nicht von außen an sie heran zu tragen, sondern sie liegt in ihr selber begründet – oder noch genauer – in ihrem Inhalt. Ihr Inhalt macht sie zu dieser einzigartigen und mit keinem anderen Dokument vergleichbaren Schrift. Die Bibel erzählt vom Bund Gottes mit dem Menschen, von Gott dem Schöpfer und Erlöser. Und in der Mitte steht das Kommen Gottes in Jesus Christus. Gott wendet sich dem Menschen trotz dessen Sünde zu, ja es ist von Anfang an Gottes einseitige Bundesgeschichte mit dem Menschen, von dem die Bibel kündet. Diese Geschichte inmitten der Weltgeschichte ist das Besondere schlechthin. Die Bibel weist also nicht auf sich selber, sondern ist entscheidender Wegweiser, unser einziger Scout, wenn es um Gottes- und Selbsterkenntnis geht.

Sogleich ist aber eine andere Frage auf dem Plan. Denn wenn Calvin so vom einzigartigen Inhalt der Bibel redet, der sie zu einem besonderen, ja einzigartigen Buch macht, so ist zugleich zu sagen, dass diese Einzigartigkeit nicht für alle Menschen evident ist. Dass das, wovon die Bibel erzählt, wirklich die lebensentscheidende Botschaft ist, leuchtet nicht aus sich selbst heraus ein. Und deswegen ist es nötig, dass der Heilige Geist selber dem Menschen die Bedeutung dieser Botschaft sagt. Es ist also ein einseitiges Kommunikationsgeschehen, von dem Calvin hier ausgeht. Gott selber sagt dem Menschen im Heiligen Geist, dass das, was in der Heiligen Schrift zu lesen ist, der einzig zuverlässige Weg ist, zu wahrer Gottes- und Selbsterkenntnis zu gelangen.

Damit sind alle Gründe, die der Bibel ihre Autorität von außen zu geben versuchen, als letztlich nicht ausreichend markiert. Es stellt sich dann natürlich die Frage, warum Calvin diese Gründe (Alter, Zuverlässigkeit, geschichtlicher Einfluss usw.) überhaupt anführt. Will er die Bibel verteidigen gegen Anfragen von außen? Und hat die Bibel eine solche Argumentation Calvins überhaupt nötig? Auf beide Fragen ist wohl deutlich mit ›Nein‹ zu antworten. Es ist am ehesten Calvins Liebe zur Bibel, die ihn hier zu solchen Sätzen kommen lässt. Sie geben der Bibel nicht ihre Autorität. Aber sie sind immerhin Eigenschaften, die ihm die Bibel auch wertvoll machen. Anders als in dieser Darstellung stehen sie bei Calvin in seiner Institutio auch erst im Anschluss an die für Calvin entscheidenden Aussagen zur Bibel: Nur im Inhalt liegt die Autorität der Heiligen Schrift begründet. Und nur durch den Heiligen Geist wird diese Erkenntnis Menschen zuteil – sie muss also von Gott selber geschenkt werden.

Nun weiß natürlich auch Calvin, dass die Bibel nicht vom Himmel gefallen, sondern von Menschen geschrieben ist. Und – da wusste Calvin noch nicht so viel wie wir heute aufgrund historischer Forschung wissen – die Zusammenstellung des Kanons der Schriften der Bibel geht auf Entscheidungen der Kirche zurück. Muss man deshalb nicht sagen, dass die Bibel ihre Autorität von der Kirche hat, die Bibel also aufgrund ihres geschichtlichen Wachstums gar nicht getrennt von der Kirche gesehen werden kann? Heute wird deshalb manchmal der in der Reformation aufgestellte Gegensatz von Schrift und Tradition bestritten, weil die Bibel ja selber Teil der Tradition der frühen Kirche sei. Historisch würde dem Calvin auch nicht widersprechen. Sachlich aber schon: »Wenn nun die Lehre der Propheten und Apostel das Fundament der Kirche ist, so muß sie schon eher Autorität haben, als die Kirche überhaupt da ist.«[2] Das »eher« ist hier in erster Linie ein sachliches Urteil: Denn die Botschaft von Gottes Handeln ist der Grund der Kirche, die ihrerseits Antwort auf dieses göttliche Geschehen gibt. Der Inhalt, von dem die Schrift zeugt, steht der Kirche voran – und deshalb gibt nicht die Kirche der Schrift Autorität, sondern empfängt sie – allenfalls – von daher. Denn nicht das Alter der Schrift gibt ihr Autorität, sondern ihr Inhalt.

LA BIBLE,

Qui eſt toute la ſaincte Eſcripture, contenant le vieil & le nouueau Teſtamēt: ou, la vieille & nouuelle alliāce.

Quant a la traduction du vieil Teſtament reueue en ceſte impreſſion, & aux annotations adioinctes a icelle, liſez ce qui en eſt dict en l'Epiſtre: quant au nouueau, il a eſté reueu & corrigé ſur le Grec par l'aduis des miniſtres de Geneue.

On a auſſi adiouſté quelques figures de grande conſequence, & amendé aucunes de celles des precedentes impreſſions.

L'oliuier de Robert Eſtienne.

M. D. LX.

Olivétan, ein Cousin Calvins, übersetzte die Bibel aus dem hebräischen und griechischen Urtext ins Französische. Das Bild zeigt die berühmte Estienne-Ausgabe von 1560. Im Vorwort von 1535 schreibt Calvin: »Hier ist die ganze Weisheit, welche die Menschen verstehen können und in diesem Leben erlernen sollen, an welcher weder Engel noch Mensch, weder Toter noch Lebender etwas hinzufügen oder verkleinern sollen.«

Schrift, Wort Gottes und doctrina

Calvin nennt das, was ich hier mit »Inhalt« der heiligen Schrift benannt habe, *doctrina,* das mit »Lehre« zu übersetzen ist. So übersetzt ist der Begriff allerdings missverständlich. Es könnte nämlich dann der Wortlaut der ganzen Bibel als eine Summe von Lehrsätzen verstanden werden. In der altprotestantischen Orthodoxie, die sich im Anschluss an die Reformation bildete und beabsichtigte, die Erkenntnisse der Reformation zu sichern und festzuhalten, ist Lehre tendenziell so verstanden worden. Die ganze Bibel mit ihrem Wortlaut wurde dann als göttlich geoffenbarte Erkenntnis verstanden – der Charakter, dass die Bibel auch Menschenwort ist, geht dann verloren. Die grundsätzlich gleiche Problematik lässt sich beim Begriff »Wort Gottes« beobachten, das auch Calvin im Blick auf die Bibel gebrauchen kann. Hier ist die im 17. Jahrhundert entstandene Verbalinspirationslehre kennzeichnend, die Calvin so noch nicht kannte. Diese Lehre setzt auch den Wortlaut aller Schriften Alten und Neuen Testaments mit Gottes Reden gleich. In der Konsequenz fällt auch hier der menschliche Charakter der Bibel weg.

Beiden Ansichten wehrt Calvin. Und letztlich weisen beide Begriffe, *doctrina* und *Wort Gottes,* für Calvin sogar auf dasselbe hin. *Doctrina* verweist mehr auf den Inhalt und *Wort Gottes* mehr auf den Urheber – *Wort Gottes* sagt, dass die Botschaft der Bibel von Gott stammt, und *doctrina,* worin sie besteht.

Das, was jetzt anhand dieser Begriffe formal angedeutet wurde, ist bei Calvin auch inhaltlich deutlich formuliert. Im Vorwort der Institutio von 1536 kann Calvin den Inhalt des christlichen Glaubens so zusammenfassen, dass »Gott sich als gnädiger Vater verspricht, wo Christus als Bruder und Versöhner anerkannt wird«.[3] Der im Mittler Jesus Christus vollbrachte und zu erkennende Bund Gottes ist das Zentrum der Theologie Calvins. Dabei ist – das lässt sich schon vorweg sagen – das Christusgeschehen nicht isoliert zu verstehen und auch nicht allein als Überwindung der menschlichen Sünde, weil »die menschliche Sünde nicht zum Horizont des göttlichen Handelns«[4] wird. Vielmehr ist im Kommen Christi der dreieinige Gott zu sehen: Die ganze Geschichte Gottes mit dem Kosmos – Schöpfung, Versöhnung und Erlösung – kulminiert im Christusgeschehen. Christus vermittelt uns den Vater in der Kraft des Heiligen Geistes; das Handeln der drei göttlichen »Personen« kann nie voneinander getrennt verstanden werden. Indem er so das göttliche Handeln in den Mittelpunkt stellt, betrachtet Calvin, wenn er von Gott spricht, nicht in erster Linie das göttliche Sein. Vielmehr kann der Inhalt der Heiligen Schrift als sich in Jesus Christus den Menschen zuwendendes und sie mit Gott verbindendes Handeln Gottes verstanden werden.

Deswegen können auch die vielen biblischen Hinweise, die Calvin in seinen Überlegungen immer wieder mitteilt und auf die er sich auch stützt, nicht isoliert als »dicta probantia«, als »Schriftbeweise« verstanden werden. Sie werden im Blick auf das, was als Inhalt der Bibel zu sehen ist, verstanden. Dasselbe gilt auch für den Begriff des Wortes Gottes. Calvin kann die Bibel insgesamt Wort Gottes nennen, ohne jeden einzelnen Buchstaben mit Gottes Wort zu identifizieren. Vielmehr liegt ihm daran, in den Wörtern der Bibel Gottes Wort zu erkennen.

Es lässt sich insofern durchaus an Calvin die Frage stellen, ob er nicht ein Prinzip von außen an die Bibel heranträgt, nach dem dann die Bibel gelesen wird. Allerdings verweist Calvin hier darauf, dass er diesen Inhalt der Bibel selbst entnimmt; sie bleibt Maßstab auch für den Inhalt und ist nicht nur eine Textsammlung. Deshalb wehrt sich Calvin auch gegen die so genannten Schwärmer, die ihrerseits von unmittelbaren Erfahrungen ausgingen. Diese Erfahrungen, so Calvin, werden als Handeln des Heiligen Geistes ausgegeben. Damit aber steht die Zusammengehörigkeit von Bibel und Geist grundsätzlich in Gefahr: »Der Heilige Geist ist mit seiner Wahrheit, die er in der Schrift kundgemacht hat, derart verbunden, daß er erst dann seine Kraft äußert und erweist, wenn man sein Wort mit gebührender Ehrfurcht und Achtung vor seiner Würde aufnimmt.«[5]

Hier schließt sich für Calvin ein Kreis, oder besser: Hier zeigt sich eine Zusammengehörigkeit, die Calvin deutlich betont. Denn Bibel und Heiliger Geist gehören untrennbar zusammen. Wer die Bibel ohne den Heiligen Geist zu verstehen sucht, bleibt bei menschlichen Worten stehen. Und wer den Heiligen Geist ohne die Bibel haben möchte, sieht ab von Gottes eigenem Weg, sich den Menschen zuzuwenden und sie mit sich zu verbinden.

Vom Verhältnis des Alten und des Neuen Testaments

Anders als Martin Luther, dessen theologischer Grundansatz im Begriffspaar »Gesetz und Evangelium« zu beschreiben ist, geht Calvin von der Überordnung des Bundes Gottes aus. Gesetz heißt, dass der Mensch sich selber als heilsbedürftig erkennt, weil er weder aus eigener Vernunft noch Kraft zu Gott kommen und ihm genügen kann. Und Evangelium ist dann die Antwort Gottes auf den in Sünde und Schuld verstrickten Menschen: In Christus werden ihm die Sünden vergeben, er ist frei. Bei Luther und in einem großen Teil der lutherischen Theologie bestimmt dieses auch in der eigenen Erfahrung zu erkennende Doppelprinzip die ganze Theologie. Und deswegen gibt es bei Luther auch Aussagen, die die Bibel mit ihren zwei Teilen in diesem Schema unterbringt: Das Alte Testament zeigt das Gesetz und damit Gott als fordernd. Und das Neue Testament zeigt das Evangelium und damit Gott als barmherzig.

Nun könnte man Calvins Doppelakzent im ersten Kapitel dieses Buches in ähnlicher Weise verstehen: Der Mensch erkennt sich selber als Sünder und Gott als den, der dem Menschen gnädig ist. Daran ist richtig, dass auch Calvin von Gesetz und Evangelium gewusst hat; er ist darin Luther grundsätzlich nicht fern. Aber zugleich bestimmt dieser Gegensatz bei Calvin nicht die gesamte Theologie, sondern ist vielmehr eine ganz bestimmte Dimension in der Theologie. Und deswegen gibt es bei Calvin auch nicht die Aufteilung ›Altes Testament = Gesetz‹ und ›Neues Testament = Evangelium‹. Vielmehr stehen Altes und Neues Testament in einem differenzierten Zusammenhang.

Calvin geht in seinen Überlegungen in zwei Schritten vor. Zunächst stellt er die Ähnlichkeit beider biblischen Teile dar:

Beide sind auf das zukünftige Leben gerichtet und erwarten das Heil von Gott her – das Alte Testament enthält bereits »die Verheißungen des Evangeliums.«[6] Beide sind vom Bundeshandeln Gottes bestimmt und bezeugen damit das einseitige Erbarmen Gottes. Und beide künden vom Mittler Jesus Christus – deshalb gilt auch für die Juden, dass sie Christuserkenntnis haben: »Wer will sich aber erkühnen, die Kenntnis Christi den Juden abzusprechen, dessen einziger Grund Christus ist?«[7]

Calvin sieht auch die Unterschiede zwischen beiden, die aber die eben genannten Übereinstimmungen nicht in Frage stellen. Denn alle von Calvin genannten Unterschiede laufen im Prinzip auf eine Grundvorstellung hinaus: Im Neuen Testament ist deutlicher zu erkennen, was im Alten Testament undeutlicher oder schemenhaft zu erkennen ist; das Alte Testament zeigt »an Stelle des Körpers einen Schatten; das Neue dagegen enthüllt uns die gegenwärtige Wahrheit und den Körper wesenhaft.«[8]

Letztlich sind Altes und Neues Testament Bekundungen des einen Christus-Bundes Gottes mit den Menschen. Und das heißt eben auch, dass der Bund Gottes dem Schema Gesetz und Evangelium übergeordnet ist. Dieser Bund Gottes, den Calvin als doctrina und Wort Gottes umschreiben kann und dessen Inhalt die Zuwendung Gottes zum Menschen und die Verbindung des Menschen mit Gott aussagt, ist in der Heiligen Schrift und nur dort zu erkennen. Wer also »zu Gott […] gelangen will, der muß die Schrift zum Leiter und Lehrer haben.«[9]

Kapitel IV
Wesen und Handeln des dreieinigen Gottes

Gott ist für Calvin immer schon der dreieinige Gott, weil Gott sich als solcher gezeigt hat und weil die Bibel ihn so bezeugt. Dabei ist jeder Versuch, diese Paradoxie in Begriffe zu fassen, letztlich unmöglich – und doch unverzichtbar. Charakteristisch für Calvin ist dabei, dass sowohl Vater als auch Sohn und Heiliger Geist jeweils ganz Gott sind, aber auch, dass sie in ihren Wirkweisen voneinander zu unterscheiden sind.

Gott ist kein Gattungsbegriff

Nachdem das erste Kapitel das Ziel aller theologischen Bemühungen Calvins dargestellt hat, nämlich Gott und sich selber zu erkennen, und das zweite Kapitel den Ort benannt hat, wo dieses zu finden ist, nämlich die Heilige Schrift, ist die naheliegende Konsequenz, zu reflektieren, worin denn Calvins Gotteserkenntnis grundlegend besteht. Wer also ist Gott, was sagt die Bibel über Gott aus?

Nach Calvin redet die Bibel vom Handeln und vom Wesen Gottes nicht losgelöst von den drei Personen der Dreieinigkeit. Das heißt, dass vom »Wesen« Gottes losgelöst vom Handeln des Vaters, des Sohnes und des Heiligen Geistes eigentlich nicht geredet werden kann, dass es also keinen übergeordneten Gottesbegriff gibt. Es gibt keine Gattung »Gott«. Wenn man losgelöst von den drei Personen von Gott reden wollte, »so flattert nur ein unnützer Name von Gott ohne Beziehung zu dem wahren Gott in unserem Gehirn herum«[1] – Gott ist also kein übergeordneter Gattungsbegriff, der dann angereichert werden könnte durch irgendwelche konkreteren Ereignisse.

Deshalb behandelt Calvin auch in der Institutio am Anfang seiner Gotteslehre die Trinität. Die hohe Stellung der Trinitätslehre ist Calvin aufgrund verschiedener Kontroversen immer deutlicher geworden. Die Auseinandersetzungen vor allem mit Michael Servet[2] und Pierre Caroli lassen ihm die Lehre von der Dreieinigkeit immer wichtiger werden. Dabei weiß Calvin, dass die Trinitätslehre nicht einfach in der Bibel enthalten, sondern aus ihr entwickelt worden ist – und gleichzeitig ist sie unverzichtbar. Weil aber die Trinitätslehre nicht direkt aus der Bibel entnommen ist, sind die in ihr gebrauchten Begriffe wie »Person«, »Seinsweise«, »Hypostase«, »Substanz« oder »Wesen« immer nur unvollkommene menschliche Wiedergabe göttlicher Wirklichkeit – alle Begrifflichkeit ist »durch die Not der menschlichen Rede in einer so großen Frage erzwungen worden und sollte nicht darstellen, was ist, sondern nur nicht verschweigen, wieso denn Vater, Sohn und Heiliger Geist drei seien«[3] – so Calvin mit Bezug auf den Kirchenvater Augustin.

Aus der Erkenntnis der Begrenztheit theologischer Adäquatheit der Begriffe folgert Calvin nun aber keineswegs die Relativität der Trinitätslehre. Die Alternative zur Lehre von der Dreieinigkeit Gottes sind nämlich äußerst problematische Einseitigkeiten, die biblische Einsichten verkehren und verzerren. Einerseits ist hier auf den sogenannten Modalismus hinzuweisen: Vater, Sohn und Heiliger Geist sind nur Ausdrucksweisen des einen Gottes, der eine Gott begegnet also nicht in den drei Personen, sondern steht dahinter. Dann wäre keine der drei Personen Gott. Die andere Gefahr ist die des Tritheismus, wenn also die Einheit Gottes nicht mehr klar gesehen wird.

Diese beiden grundlegenden Einseitigkeiten sind bei Calvin als Fragen zu verstehen, mit denen Calvins Trinitätslehre sich beschäftigt. Ich stelle also mit Calvin im folgenden zwei Fraugen:

Sind sowohl der Vater als auch der Sohn als auch der Heilige Geist jeweils als Gott zu bezeichnen?

Inwiefern sind Vater, Sohn und Heiliger Geist zu unterscheiden, wenn doch von der Einheit Gottes auszugehen ist?

Sind sowohl der Vater als auch der Sohn als auch der Heilige Geist jeweils als Gott zu bezeichnen?

Da in der Debatte das Gottsein des Vaters nie thematisiert wurde, unterlässt Calvin es auch. Vielmehr wendet er sich in der Institutio nacheinander der Frage zu, wie denn vom Sohn Gottes und vom Heiligen Geist als Gott geredet werden könne.

Im Blick auf die Gottheit des Sohnes dient Calvin als biblische Schlüsselstelle der Anfang des Johannesevangeliums: Jesus Christus ist das fleischgewordene Wort Gottes. Dieser für den christlichen Glauben zentrale Ausgangspunkt ist für Calvin der Grund, auch das Alte Testament im Blick auf die Gottheit des Sohnes zu befragen. Weil Jesus Christus das Wort Gottes ist, ist auch das ganze Wortgeschehen im Alten Testament spezifisch zu sehen. Calvin geht also nicht von einem formalen Begriff des Wortes Gottes aus, sondern sieht diesen inhaltlich gefüllt. Das Neue Testament bezeugt Christus als Schöpfungsmittler – und wenn es am Anfang der Schöpfung heißt, dass Gott spricht, dann ist das für Calvin ein beredter Ausdruck dafür, dass der Sohn am Werke war. Auch die den Propheten zuteilgewordenen Offenbarungen entstammen auf dem Wege des Geistes dem Wort Gottes, das der Sohn ist. Das Neue Testament »sprudelt unzählige Zeugnisse«[4] für die Gottheit Christi hervor. Dabei sieht Calvin Hinweise in doppelter Gestalt: Einmal wird Christus verschiedentlich explizit Gott genannt (hier verweist Calvin vor allem auf das Johannesevangelium und neutestamentliche Briefe), andererseits sind es die Werke Jesu Christi, die hier bezeugen, dass er Gott ist. Im Zusammenhang der Christologie werden wir in der sogenannten Ämterlehre Christi noch ausführlicher sehen, wie sehr Calvin am Zusammenhang von Person und Werk gelegen ist.

Die Gottheit des Heiligen Geistes wird auch mit Hinweis auf verschiedene Aussagen im Alten und Neuen Testament belegt. Dabei betont Calvin, dass der Geist die Propheten sendet, »seine Kraft in alles ergießt und dadurch allen Dingen Wesen, Leben und Bewegung verleiht«,[5] die alles normale Wachsen und Gedeihen übersteigende Wiedergeburt schenkt

– der Geist ist explizit als Urheber zu sehen. Und außerdem gibt es eine Menge biblischer Aussagen, die explizit die Göttlichkeit des Geistes benennen.

Die Antwort auf die erste Frage ist also deutlich: Ja, sowohl der Sohn als auch der Geist – und natürlich auch der Vater – sind Gott. Und zwar von Anfang an, von Ewigkeit her. Die Argumentation von Calvin ist klar: Seine einzige Autorität sind hier biblische Zeugnisse. Und da die Bibel Alten und Neuen Testaments für Calvin eine Einheit ist, sieht er die Gottheit des Sohnes und des Geistes auch im Alten Testament schon als gegeben an – freilich schemenhafter und nicht so deutlich wie im Neuen Testament; der Blick ins Alte Testament ist deshalb für Calvin nicht ohne das Kommen Jesu Christi denkbar.

Inwiefern sind Vater, Sohn und Heiliger Geist zu unterscheiden, wenn doch von der Einheit Gottes auszugehen ist?

Calvin geht unbestreitbar von der Einheit Gottes aus. Aber gleichzeitig betont Calvin, dass es zwischen den drei Personen Unterschiede gibt – diese Unterschiede nennt er »Eigenheiten« (proprietates). Nach Calvin wird dem Vater »der Anfang des Wirkens zugeschrieben, er ist aller Dinge Quelle und Brunnen, dem Sohn eignet die Weisheit, der Rat und die geordnete Austeilung, dem Geiste die Kraft und Wirksamkeit im Handeln.«[6] Hier erklären die drei Begriffe diese Unterscheidung, die keineswegs als Scheidung oder Trennung verstanden werden darf. Aber es ist auch nicht nur als äußere Aufgabenverteilung zu sehen, sondern verweist vielmehr auf die Beziehungen, in denen Vater, Sohn und Geist zueinander stehen. Calvins Trinitätslehre kann darum ausgehend von Augustin auch als relationale Trinitätslehre verstanden werden, weil eben Vater, Sohn und Geist in je spezifischen Beziehungen zueinander stehen. Der Sohn steht in einer nicht umkehrbaren Relation zum Vater, weil der Sohn nicht Vater ist und umgekehrt. Der Geist kommt vom Vater und vom Sohn und ist deshalb der Geist des Vaters und des Sohnes. In diesen Beziehungen lebt Gott von Ewigkeit her – sie sind also bereits vor der Schöpfung dagewesen und überdauern die geschaffene Zeit.

Prinzipiell sieht Calvin alle drei Personen in Gott als gleichwertig an. Auch der Vater ist nicht vorgeordnet und steht deshalb nicht »höher« als Sohn und Geist. Nur innerhalb der Relation von Vater und Sohn bzw. Vater und Geist gibt es hier eine Vorordnung des Vaters, die aber weder als Wertung noch als Überordnung zu verstehen ist. Deswegen sieht Calvin immer da, wo die Bibel – auch im Alten Testament – von Gott redet, den dreieinigen Gott am Werke: Vater, Sohn und Heiliger Geist. Das bezieht sich auf die Schöpfung, aber auch auf die Erlösung und auf die zu erwartende neue Welt. Auch die Kirche lebt davon, dass der dreieinige Gott gemeinschaftlich in ihr handelt; zu ihr gehören »alle, die durch die Freundlichkeit Gottes des Vaters durch die Wirksamkeit des Heiligen Geistes in die Gemeinschaft Christi gelangt sind«.[7]

Die Trinitätslehre als Ausdruck von Gottes Verborgenheit und Nähe

Die Begriffe, die die kirchliche Tradition für die Trinitätslehre ausgebildet hat und die auch Calvin verwendet, machen uns heute das Verstehen der Trinitätslehre nicht einfacher; das war grundsätzlich auch zu früheren Zeiten so, weshalb Calvin auch auf die begrenzte Tragfähigkeit der Begriffe hinweist. Wenn Calvin von Seinsweise spricht (so übersetzt Otto Weber das lateinische »subsistentia« = griechisch »hypostasis«), dann heißt das: In jeder der drei Personen steckt der eine ganze Gott drin. Der von Calvin vielleicht etwas zu unbefangen gebrauchte Begriff der »Person« ist bei den griechisch sprechenden Theologen zurückhaltender gebraucht worden, weil hier auch mitgehört wurde, dass eine Person eine bestimmte »Rolle« in einem Theaterstück spielt (persona heißt Maske) – und dann wären die drei Personen nur drei Verkleidungen. Heute haben wir eher ein anderes Verstehensproblem: Person heißt so viel wie Persönlichkeit – und dann können wir bei drei Personen kaum noch den einen Gott denken.

In der Geschichte der Kirche hat es verschiedentlich Versuche gegeben, der Anstößigkeit der Trinität auszuweichen. Meistens geschah das, indem man unter Gott im eigentlichen Sinn nur den Vater verstand, dem der Sohn und der Geist zumindest untergeordnet sind. Manchmal fragte man sich auch, ob hinter den drei Erscheinungsweisen der eine ganz unbekannte und vielleicht noch ganz andere Gott zu vernehmen sei.

Calvin allerdings kann und will diesen Vereinfachungen nicht stattgeben. Jede Vereinfachung weicht nämlich dem für uns schwierigen Denken aus, nach dem Gott sowohl der eine Gott in drei Personen ist als auch in den drei Personen jeweils ganz der eine Gott ist. In seiner Fassung der Trinitätslehre ist Calvin übrigens nicht prinzipiell originell gewesen; er durchdenkt gründlich ein klassisches Stück Theologie. Deshalb ist es auch nicht verwunderlich, dass eine deutlich vor Calvin entstandene Grafik Calvins eigene Erkenntnis verdeutlicht.

Die nebenstehende Grafik heißt *Shield of the trinity* oder *scutum fidei*. Sie repräsentiert grundlegende Auffassungen der westlichen Trinitätslehre und geht in der Sache bereits auf Anselm von Canterbury zurück. Vermutlich sind deshalb die meisten Abbildungen auch im angelsächsischen Raum zu finden.

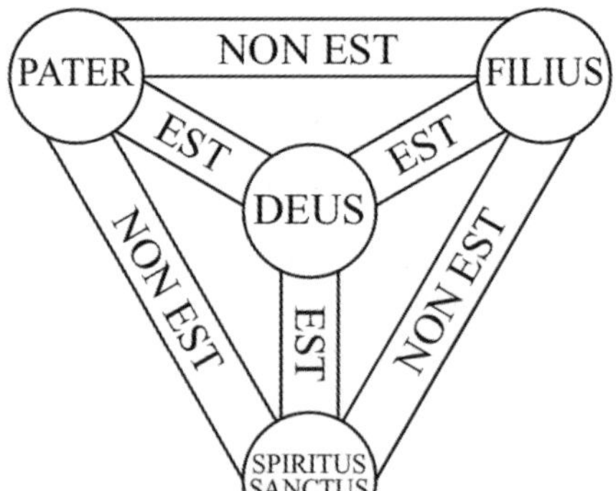

Der niederländische Theologe Arie Baars hat in einer ausführlichen Untersuchung über Calvins Trinitätslehre dieser den Titel »Gottes Verborgenheit und Gottes Nähe«[8] gegeben. Beide Dimensionen sind Calvin wichtig. Gott ist nicht fassbar mit unseren Begriffen, sie sind nur Beschreibungsversuche – die Trinitätslehre verweist auf die Verborgenheit. Aber sie drückt auch Gottes Nähe aus, weil sie selber eine Reaktion, eine Antwort ist auf Gottes Handeln in der Welt und an der Welt.

Kapitel V
Staunen über Gottes Schöpferhandeln

In der Erlösung schenkt Gott dem Menschen einen neuen Zugang zur Schöpfung: Der Mensch kann Gottes Wirken dort wieder entdecken und darin über Gott staunen und seines eigenen Platzes und Auftrages gewärtig sein. Denn Schöpfungstheologie bezieht sich weniger auf den Anfang, sondern vor allem auf die gegenwärtige Fürsorge Gottes.

Gottes Spuren in der Schöpfung und verdunkelte Augen

Die Trinitätslehre zeigt Gottes Verborgenheit und Gottes Zuwendung an – seine Zuwendung zur ganzen Welt. Damit sind wir folgerichtig beim Thema »Schöpfung« angekommen. Denn der Tenor von Calvins Aussagen über die Schöpfung besteht darin, dass er das Handeln des dreieinigen Gottes in der Welt bestaunt: Die Welt ist voll der Ehre Gottes, in ihr sind die Spuren des göttlichen Handelns überall vorhanden – die ganze Schöpfung singt ihrem Schöpfer ein Loblied. Und durch die Erkenntnis, dass die Welt eben nicht in sich selbst ruht, sondern vom Wirken Gottes herkommt und bestimmt ist, soll auch der die Schöpfung wahrnehmende Mensch das Lob Gottes vermehren. Deswegen kann Calvin sein Verständnis der ganzen Schöpfung auch beschreiben mit dem bekannten Satz »mundus theatrum gloriae dei«, das heißt übersetzt: Die Welt ist ein Schauplatz der Herrlichkeit Gottes. Der Mensch, der dies erkennt und ausspricht, sieht sich selbst als Teil der Schöpfung einbezogen in diese Bewegung: Auch ich bin von Gott geschaffen und bin aufgerufen – zur Ehre Gottes. Eine distanzierte Betrachtung der Schöpfung ist Calvin gar nicht möglich.

»Aus der Erschaffung und fortdauernden Regierung der Welt strahlt uns eine Kunde von Gott entgegen.«[1] Dieser Satz, der ein ganzes Kapitel im ersten Buch der Institutio überschreibt, deutet an, dass Gottes Schaffen und Begleiten der Welt dem Menschen entgegenleuchtet. Aufgrund dieser Formulierung ist mehrfach geschlossen worden, dass sich dahinter eine so genannte »natürliche Gotteserkenntnis« verberge. Der Mensch könne durch Naturbeobachtung oder durch Wahrnehmung von Phänomenen in dieser Welt zu einer wenn auch nicht vollkommenen, so doch immerhin deutlich vorhandenen Erkenntnis Gottes kommen. Allerdings isoliert dieser Gedanke die Argumentation Calvins. Denn wenn Calvin davon spricht, dass Gott in der Schöpfung, in der Welt objektive Spuren hinterlassen habe, dass also Gottes Handeln in der Welt aufleuchtet, so macht er sofort einen zweiten Schritt, der hier falschen Spekulationen wehrt. »Jedoch wie hell und klar uns auch der Herr sich selbst und sein ewiges Reich im Spiegel seiner Werke vor Augen stellt – wir bleiben doch in unserem großen Stumpfsinn stets blind gegen so deutliche Bezeugungen, so daß sie in uns ohne Frucht bleiben.«[2]

Calvin hat also hier eine doppelte Sicht: Einerseits hat Gott die Welt nicht nur erschaffen, sondern die ganze Welt ist bis heute voll der Hinweise auf Gott selber – die Welt ist ein Spiegel der Herrlichkeit Gottes. Gott hat seine Spuren in dieser Welt hinterlassen. Gott ist in der Welt zu erkennen. Aber – eben nicht einfach so. Denn auch wenn die Welt voll der Spuren Gottes ist, so ist es dem Menschen aus sich heraus gar nicht möglich, in der ihn umgebenden Welt Gott selber zu erkennen. Als Sünder kann der Mensch die ganzen Bezeugungen Gottes in der Welt nicht erkennen. Das heißt: Das Ziel Gottes, dass der Mensch aufgrund der göttlichen Bezeugungen in der Welt den Schöpfer erkennt und daraufhin lobt, wird nicht erreicht. Trotz der »objektiven« Spuren Gottes ist der Mensch nicht in der Lage, diese »subjektiv« wahrzunehmen, weil seine eigene Erkenntnisfähigkeit durch seine Sünde nicht nur getrübt, sondern gar nicht vorhanden ist. »All die brennenden Fackeln im Gebäu der Welt, bestellt zur Verherrlichung des Schöpfers, leuchten uns also vergebens.«[3]

Im Evangelium geht der Weg in die Schöpfung hinein

Es ist für Calvin nun aber wichtig, dass er damit nicht am Ende seiner Überlegungen im Blick auf die Erkenntnis Gottes in der Welt angekommen ist. Vielmehr kommt es jetzt zur eigentlichen Aussage Calvins. Denn auch wenn der Mensch aus sich heraus nicht in der Lage ist, die göttlichen Spuren zu erkennen (ihm »fehlen die Augen, sie zu sehen«[4]), so zielt das Geschenk des Glaubens doch darauf, dass wir Gottes Wirken in der Welt erkennen und loben. Calvin bleibt also nicht stehen bei der negativen Aussage, dass wir Gottes Wirken in der Welt nicht erkennen können. Vielmehr fällt ausgehend von der Erlösung, die dem Menschen im Kommen Jesu Christi zuteil wird, ein neues Licht in die Schöpfung hinein – und jetzt beginnt sie zu leuchten für die, die Augen haben, das zu sehen. Für erleuchtete Augen ist die Schöpfung ein theatrum gloriae dei.

Von dieser grundsätzlichen Linie aus ist Calvins knappe Einleitung in die Auslegung der Schöpfungsgeschichte am Anfang der Genesis deshalb auch erhellend. Er sieht grundsätzlich zwei Einseitigkeiten, die er als problematische Einstellungen zur Welt betrachtet. Einmal kann man »mit aller Kraft des Geistes Naturforschung treiben und dabei Gott vergessen.«[5] Die Welt aus sich heraus gibt das, was sie an göttlichen Dimensionen enthält, nicht einfach so zu erkennen – und deshalb ist es möglich, eine Naturforschung unter Absehung aller Gotteserkenntnis zu betreiben. Theologisch gesehen ist das zwar nur eine begrenzte Wahrnehmung der Wirklichkeit, aber eben ohne die Augen des Glaubens geht es ja auch gar nicht anders. Eine andere Einseitigkeit sieht Calvin darin, Gott ohne Schöpfung haben zu wollen und das heißt, »in ungesunder törichter Neugier das reine Sein Gottes suchen wollen und dabei für die Werke des Schöpfers kein Auge haben.«[6] Diese Linie macht deutlich, dass Welt und Gott nicht voneinander getrennt werden können – und daraus folgt eine für Calvin sehr typische Weltzugewandtheit der Christen.

Wie kommt es nun aber zur Erkenntnis, dass Gott der Schöpfer der Welt ist? Das geht nicht ohne die Heilige Schrift: »Gerade weil der Herr uns ohne Erfolg durch die

Schöpfung zu sich ruft ..., darum hat er uns darüber hinaus eine weitere Hilfe geschenkt: Durch die Schrift leitet er uns«.[7]

Interessant ist nun, dass die oben schon aufgezeigte Linie hier bei Calvin wichtig ist. Es gilt nicht nur, dass der Mensch durch das Evangelium zu Gott gerufen wird – Gotteserkenntnis findet also nicht aus der Welt heraus, sondern im Evangelium statt. Sondern vielmehr gilt ein zweites in der Erkenntnis Gottes: Im Evangelium findet der Weg hinein in die Schöpfung statt. Summierend kann Calvin deshalb sagen: »Die Welt der geschaffenen Dinge führt niemand zu Gott. Also muß man folgern: Nicht die Elemente dieser Welt sollen den Anfang machen, sondern das Evangelium, welches uns Christus und sein Kreuz predigt und bei ihm festhält.«[8] Aber eben nur den Anfang. Denn weil Calvin die Möglichkeiten der Erkenntnis Gottes aus der Welt heraus nicht überschätzt, kann er sich ihr unverkrampft zuwenden. In diesem Vorgehen sieht er Mose den gleichen Weg gehen.

Schon zu Calvins Zeiten war aufgrund naturwissenschaftlicher Beobachtungen festgestellt worden, dass naturwissenschaftliche Erkenntnisse mit den Aussagen der biblischen Schöpfungserzählung nicht deckungsgleich sind. Und jetzt folgert Calvin:

> Ich habe schon hervorgehoben, daß Mose keine Naturwissenschaft treiben will. Die Forscher beweisen uns mit ausreichenden Gründen, daß der Saturn, der wegen seiner Entfernung außerordentlich klein erscheint, den Mond an Größe übertrifft. Man halte den Unterschied wohl im Auge. Mose schrieb in schlichter Form, so daß ohne Wissenschaft und Bildung jeder ihn begreifen kann. [...] Die Erforschung der Gestirnwelt ist nicht nur eine Freude, sondern hat auch einen großen Wert. Gottes wunderbare Weisheit wird ja durch diese Wissenschaft uns klar. Die kühnen Forscher verdienen hohes Lob, und wer die Muße und Fähigkeit dazu besitzt, mag sich auf diesem Gebiet betätigen. [...] Mag immerhin in Wahrheit der Saturn größer sein als der Mond, dem Auge erscheint es anders. Das ist für die Betrachtungsweise des Mose maßgebend. Ihm geht es darum, was die Dinge für uns bedeuten.[9]

Damit ist der Schöpfungsgeschichte am Anfang der Bibel ein Raum zugewiesen. Ihr geht es nach Calvin nicht um eine naturwissenschaftliche Expertise, sondern ihre Absicht ist es, den als Teil der Schöpfung lebenden Menschen zu zweierlei anzuleiten: Zum Staunen über »die Wunderwerke Gottes« und zum Dienst »in ehrfürchtiger Anbetung«.[10] Es ist die Betrachtung der Schöpfung nach Calvin immer in dieser doppelten Linie zu sehen – und deshalb dient auch die Schöpfungsgeschichte am Anfang der Bibel recht verstanden nicht der Belehrung über die Entstehung der Welt, sondern zur Klarheit für den jeweiligen Leser – heute. Schöpfungserkenntnis heißt knapp gesagt deshalb: Staunen über Gottes wundervolles Handeln und Einordnung in die Aufgabe, als Christ zu leben.

1. Jauchzt, Erde, jauchzet überall!
Erhebt den HERRN mit frohem Schall!
Kommt, tretet vor sein Angesicht,
dient ihm erfreut in seinem Licht!

2. Erkennt den HERRN, nur er ist Gott.
Er schuf uns, er ist unser Gott.
Wir sind sein Volk, das auf ihn hört,
sind Schafe, die er führt und nährt.

3. Geht froh zu seinen Toren ein!
Im Vorhof wird euch Gott erfreun.
Lobt ihn in seinem Heiligtum,
sein Name sei stets euer Ruhm.

4. Denn ewig gnädig ist der HERR,
und niemand ist so gut wie er,
und Kind und Kindeskind erfährt,
daß seine Wahrheit ewig währt.

Psalm 105 des Reimpsalters, Text von
Matthias Jorissen

Die Schöpfungslehre ist also eingebettet in die Heilgeschichte Gottes mit den Menschen und deshalb auch von Christus gar nicht zu trennen. Ja noch mehr: Die Erlösung bedeutet die Verheißung über die irdischen Dinge hinaus und verweist in das ewige Leben:

Da sind nicht irdische Früchte, die Tag um Tag unser Leben erhalten, sondern Christus selbst bietet sich uns dar zum ewigen Leben. Da glänzt kein Himmel mit Sonne und Sternen dem leiblichen Auge, sondern wiederum: Christus, das Licht der Welt, die Sonne der Gerechtigkeit, strahlt in unserem Herzen wieder.«[11]

Es ergibt sich für Calvin also ein Dreischritt im Blick auf die Erkenntnis der Schöpfung: Erstens hat Gott sich selbst in der Schöpfung bezeugt. Zweitens vermag der Mensch aufgrund seiner Sünde diese Spuren Gottes nicht zu erkennen. Und drittens schenkt Gott dem Menschen in der Erlösung durch und in Christus einen neuen Zugang zu Gottes Spuren in der Schöpfung: Der Mensch kann Gottes Wirken dort wieder entdecken und darin über Gott staunen und seines eigenen Platzes und Auftrages gewärtig sein.

Konturen einer Schöpfungstheologie

Dieser neue Zugang zur Schöpfung ist aber nicht durch Naturbeobachtung zu gewinnen, sondern allein durch das Zeugnis der Heiligen Schrift. Was aber lehrt das Zeugnis der Heiligen Schrift über die Schöpfung und das Schöpferhandeln Gottes?

1. Es ist der dreieinige Gott selber, der die Welt geschaffen hat. Zwar nimmt Calvin in sehr vorsichtiger Weise eine »Aufgabenverteilung« der drei trinitarischen Personen vor. Dem »Vater ist der Anfang des Wirkens zugeschrieben, er ist aller Dinge Quelle und Brunnen, dem Sohne eignet die Weisheit, der Rat und die geordnete Austeilung, dem Geiste die Kraft und die Wirksamkeit im Handeln«.[12] Aber zu trennen sind diese Dinge nicht, weshalb die Lehre von der Schöpfungsmittlerschaft Jesu Christi wie auch die Lehre vom Schöpferhandeln des Heiligen Geistes (Creator Spiritus) für Calvin wichtig sind. Gerade das Wirken des (nicht von Christus zu trennenden) Heiligen Geistes betont Calvin, wie einige neuere Forschungen gezeigt haben, besonders.

2. Im Vertrauen auf das Wirken des dreieinigen Gottes kann Calvin dann auch die Strukturen, die er in der Welt vorfindet, als göttliches Ordnen benennen. So schreibt Calvin, dass Gottes Kraft unermesslich

sein muß, wenn er es vermag, die unmeßbare Last Himmels und der Erden mit seinem Wort zu tragen, durch einen bloßen Wink jetzt mit dem Krachen des Donners den Himmel zu erschüttern, mit sengenden Blitzen die Luft zu erfüllen, jetzt die Wetter durcheinander toben zu lassen und gleich darauf nach seinem Belieben plötzlich wieder alles aufzuheitern.[13]

Das klingt für neuzeitliche Ohren vielleicht naiv, weil Calvin hier naturwissenschaftlich erklärbare Phänomene theologisch zu überhöhen scheint. Aber im Unterschied zu aller Theologie, die von natürlichen Dingen auf Gott hin zu schließen versucht, ist es bei Calvin ja ein Wiedererkennen Gottes in der von ihm geschaffenen Welt.

3. Deshalb ist bei Calvin auch die Vorsehungs- oder Providenzlehre von der Schöpfungslehre nicht zu trennen. Der, der die Welt erschaffen hat, der erhält sie auch. »Die Herrlichkeit Gottes, das Grundmotiv der Schöpfung, gewinnt in der Providenzlehre ihren hellsten Glanz.«[14] Calvins Schöpfungslehre reflektiert nicht in erster Linie die Herkunft der Welt, sondern betont das Handeln Gottes. »Gott zu einem Schöpfer für den Augenblick zu machen, der sein Werk ein für allemal hinter sich gebracht hätte, wäre eine kalte und unfruchtbare Sache.«[15] Und wie regiert Gott seine Welt? Hier ist es interessant, dass Calvin differenziert zwischen einer allgemeinen Vorsehung (providentia generalis) und einer spezifischen (providentia specialis). Und fast noch interessanter zu sehen ist, dass die providentia specialis für Calvin die klarere und deutlichere ist.

4. In besonderer Weise ist die Fürsorge Gottes im Blick auf die Kirche auszusagen: Weil »sich Gott die Kirche zur Wohnung erlesen hat, so erweist er unzweifelhaft in ihrer Leitung seine väterliche Fürsorge durch besondere Zeugnisse«.[16] Die nicht nur in den Anfängen der Reformation in Anfechtung stehende Kirche ist in starkem Maße angewiesen auf diese Vergewisserung, weil sie in sich selber eine Bestandsgarantie nicht finden kann. Dass Gott die Kirche lenkt, ist Calvins gewisser Ausgangspunkt. Aber nicht nur die Kirche insgesamt wird vom dreieinigen Gott geleitet; das Leben eines jeden Menschen, ja eines jeden Tieres steht unter Gottes Schutz. Die berühmte Formulierung aus Mt 10,30, die Eingang in

die Frage 1 des Heidelberger Katechismus gefunden hat, wird auch von Calvin betont: »Was sollen wir uns denn noch anderes wünschen, wenn doch nicht einmal ein Haar von unserem Haupte fallen kann ohne seinen Willen?«[17] Das fürsorgende Handeln und Begleiten seiner Schöpfung sieht Calvin von dort aus auch in der allgemeinen Vorsehung: Gott regiert und lenkt die Welt. Dabei sind beispielsweise die Naturgesetze mit in das Regieren einbezogen, ohne dass sie mit dem Handeln Gottes identifiziert werden könnten – das wäre ja wieder ein von Calvin nicht akzeptabler Rückschluss auf das Handeln Gottes.

5. Deshalb darf auch das Vertrauen auf Gottes fürsorgliche Begleitung und Erhaltung seiner Schöpfung nicht mit einem stoischen Schicksalsglauben identifiziert werden. Denn dann wäre das, was die Menschen auf Erden nicht erkennen können, göttlich überhöht. Die Zusammenhänge und der Grund für die Dinge, die in dieser Welt geschehen, können vom Menschen nicht erforscht werden; sie können sogar als Zufall verstanden werden. »Aber weil die Ordnung, die Ursache, der Zweck und die Notwendigkeit der Ereignisse von der menschlichen Erkenntnis nicht begriffen werden, da sie größtenteils in Gottes Ratschluss verborgen sind, so ist das, was tatsächlich ganz gewiß aus Gottes Willen kommt, für uns gewissermaßen zufällig.«[18] Wir können also nicht von den Erfahrungen dieser Welt auf Gottes Handeln direkt schließen.

6. Vielmehr ist es umgekehrt. In dieser Welt erscheint vieles gerade an dunklen Erfahrungen, auch an Leid und Tod, als sinnlos. Nun ist es auch nicht die Aufgabe des christlichen Glaubens, hier nachträglich eine Sinndeutung einzuführen. Vielmehr hat Calvins ganzes Bemühen um Gottes Vorsehung darin ihren Zweck und ihr Ziel, Trost und Hoffnung der Menschen zu stärken. Die Vorsehungslehre ist keine Welterklärung, sondern dient dem Lob Gottes. Sein Wirken in dieser Welt können wir nicht erschließen, aber aufgrund der von der Heiligen Schrift bezeugten Zuwendung Gottes in Jesus Christus wohl auf seine Treue zur Schöpfung vertrauen. »Unzählig sind die Übel, die unser menschliches Leben belagern, stets lauert in ihnen der Tod.«[19] Und deshalb folgert Calvin, ganz seelsorglich: Das »schlimmste Elend ist es, die Vorsehung

nicht zu kennen, das höchste Glück aber, von ihr Kunde zu haben.«[20] – die Lehre von der Vorsehung ist für Calvin Trost, aber nicht Vertröstung.

7. Denn der Trost führt nicht zur Passivität, sondern gerade zur Aktivität. Die ganze Theologie Calvins ist geprägt davon, dass der Mensch als Christ leben darf und kann, weil der, der dem Menschen die Gebote gegeben hat, die Welt nicht sich selber überlässt. Der ganze Zusammenhang von Heiligung und Ethik ist von hierher zu beleuchten. Für Calvin ist der eigentliche, der vornehmste Sinn des Gesetzes der wörtliche, d.h. der auf die Erfüllung zielende.[21] In diesem Leben soll der Mensch in der Nachfolge Jesu Christi leben und wachsen.

8. Letztlich aber ist das Ziel des göttlichen Begleitens seiner Schöpfung nicht im Diesseits zu finden. Alle Taten der Vorsehung Gottes sind »bloß als Vorspiel zu größeren zu betrachten, deren Offenbarung und volle Enthüllung auf ein anderes Leben verschoben ist.«[22] Und Calvin formuliert in seiner Auslegung zu 1Kor 15: »Ja auch die Herrschaften der Engel im Himmel und die Ämter in der Kirche werden aufhören. Denn Gott will dann nicht mehr durch Menschen oder Engel, sondern in eigener Person regieren.«[23]

Kapitel VI
Sünde – Entfremdung des Menschen von Gott und von sich selbst

Sündenerkenntnis ist ein lebenslanger Prozess. Sünde versteht Calvin als Entfremdung von Gott – und von sich selbst. Dabei ist die Gegenüberstellung von Adam und Christus wichtig: In Adam erkennt sich der Mensch als Sünder – in Christus als Gerechter. Beides ist der Mensch ganz. Der Mensch wird in Christus nach Hause gebracht. Damit kommt er zu Gott – und darin auch zu sich selbst.

Sünde als Unglaube ist Entfremdung von Gott

Das erste Kapitel hatte die Menschen- und Gotteserkenntnis zum Thema. Und die Selbsterkenntnis des Menschen bei Calvin besteht vor allem in der Sündenerkenntnis: »Wir empfinden unsere Unwissenheit, Eitelkeit, Armut, Schwachheit, unsere Bosheit und Verderbnis«.[1] Dass das nicht das letzte Wort ist, haben wir in den vorherigen Kapiteln gesehen – im Mittelpunkt steht bei Calvin nicht die Sündenerkenntnis, sondern die Betonung der Zuwendung Gottes. Aber die Erkenntnis der Sünde ist integraler Bestandteil der Gotteserkenntnis – sie geht ihr ebenso voraus wie sie aus ihr folgt. Beide sind als ein lebenslanger ineinander verwobener Prozess zu beschreiben.

Das ist einmal schon am Aufbau von Calvins Institutio zu erkennen. Am Anfang redet Calvin von der Selbst- und Gotteserkenntnis und beginnt ganz knapp mit der Selbsterkenntnis, die im wesentlichen Sündenerkenntnis bedeutet. Im weiteren Verlauf des Buches I folgt dann aber die Darlegung der rechten Gotteserkenntnis, wie sie Calvin der Heiligen Schrift entnimmt. Erst dann, in Buch II, in der die Bedeutung Christi reflektiert wird, kommt Calvin ausführlich auf die Sünde zu sprechen. Noch viel ausführlicher ist dann aber die Darlegung dessen, was das Kommen Christi bedeutet. Isoliert kann Calvin nicht von der Sünde reden.

Noch deutlicher ist es aber, wenn Calvin inhaltlich auf die Sünde zu sprechen kommt. Der von Calvin immer wieder an verschiedenen Stellen gebrauchte Begriff lautet: »Entfremdung«. Im Blick auf Adam formuliert Calvin: »Wie das geistliche Leben des Adam darin bestand, daß er mit seinem Schöpfer verbunden und an ihn gebunden blieb, so bedeutete die Entfremdung von ihm das Verderben der Seele.«[2] Entfremdung ist ein Beziehungswort. Sünde bedeutet, dass Gott dem Menschen fremd geworden ist. Deshalb kann Sünde auch nicht empirisch festgestellt werden, weil es keinen objektiven Maßstab für Sünde gibt. Sünde ist vielmehr nur innerhalb der Beziehung von Gott und Mensch zu erkennen und zu beschreiben – nicht losgelöst davon. Das bedeutet auch im Blick auf das Verständnis des göttlichen Gesetzes einiges. Zwar versteht Calvin die biblischen göttlichen Gebote in erster Linie als zu befolgende – das ist ihr eigentlicher und wesentlicher Inhalt und in dieser Betonung unterscheidet sich Calvin von Martin Luther. Aber einig ist er mit Luther darin, dass das biblische Gebot überführenden Charakter hat: Es verdeutlicht dem Menschen seine Sünde. Nur, weil es das Gebot *Gottes* ist, verdeutlicht die Nichterfüllung dessen, was Gott vom Menschen erwartet, auch die Beziehungsstörung zwischen Gott und Mensch.

Und woher kommt die Sünde? Warum ist der Mensch ein Sünder? Um diese Frage zu beantworten, verweist Calvin auf Adam, den ersten Menschen. Anders als wir es heute sehen, ging Calvin noch von der historischen Zuverlässigkeit der biblischen Anfangskapitel aus. Aber – wie wir oben auch schon gesehen haben – liegt der Akzent Calvins nicht auf der Historizität, sondern auf der Bedeutung. Entscheidend ist an Adam zunächst einmal nicht die Frage, warum er gesündigt hat. Entscheidend für Calvin ist es, dass sich der Mensch selber in Adam wiedererkennt: So wie Adam gesündigt hat, so bin auch ich. In ihm sehe ich, wie ich selber bin.

Was hat denn Adam getan? Er war ungehorsam, weil er nicht geglaubt hat: »Deshalb war der Unglaube die Wurzel des Abfalls.«[3] Nicht das Essen von der dem Adam verbotenen Frucht als solches war also das Problem, sondern der Unglaube, der zum Ungehorsam führte. Und daraus »entstand die Anmaßung und der Hochmut, zu denen dann auch die Undankbarkeit kam, weil ja Adam, indem er mehr haben wollte, als ihm zustand, die große Freigebigkeit Gottes, die ihm zuteil wurde, schnöde verachtete.«[4] Adams Sünde ist ein Verachten der ihm zugedachten Gottesbeziehung – das ist Unglaube. Sünde ist das schnöde Verachten von Gottes Freigebigkeit. Darin kann sich jeder Sünder wiederfinden. Aber die Identifikation mit Adam geht noch weiter. Denn Adams Verhalten hatte Konsequenzen für ihn: Adam verliert »seine göttliche, himmlische Herrlichkeit«,[5] zu der der Mensch ursprünglich von Gott geschaffen war. Diese Sonderstellung des Menschen in der Schöpfung bezeichnet die Bibel als Ebenbild Gottes. Davon sagt Calvin:

> Das Ebenbild Gottes ist also die ursprünglich hervorragende Stellung der menschlichen Natur, die in Adam hell erstrahlte, danach aber derart verderbt, ja schier zerstört worden ist, daß aus dem Untergang nur noch Verworrenes, Verstümmeltes und Beflecktes übrig geblieben ist.[6]

Calvin geht nicht so weit, dass er dem Menschen die Gottesebenbildlichkeit nach dem Fall völlig abspricht. Schließlich schenkt ja gerade Gott dem Sünder neues Leben – es gibt also Zukunft für den Sünder. Und diese Zukunft besteht darin, durch Christus zum Ebenbild Gottes erneuert zu werden. Aber im Blick auf die Sünde ist zunächst einmal von der verlustig gegangenen Herrlichkeit zu reden. Da der Mensch sich in Adam erkennt, heißt das eben auch: Das, was der Mensch an Verlust der Herrlichkeit Gottes in Adam erkennt, gilt auch ihm. Denn auch er hat das, was ihm zugedacht wurde, verloren. Das nennt Calvin auch in Aufnahme biblischer Worte den geistlichen Tod, denn »der geistliche Tod [ist] nichts anderes als die Entfremdung der Seele von Gott«.[7]

Die Sünde ist zu glauben, nicht zu sehen

Wie kommt der Mensch, wie kommt Adam dazu, überhaupt zu sündigen? Hat Gott den Menschen zum Sündigen geschaffen? Hier ist Calvin deutlich: Nein, die Sünde des Menschen ist nicht auf Gott zurückzuführen; Gott hat den Menschen gut geschaffen. »Denn die Verderbnis und Bosheit des Menschen wie des Teufels und alle Sünde, die daherrührt, ist nicht aus der Natur, sondern aus der Verderbnis der Natur entstanden.«[8] Damit gibt Calvin auf die Frage, woher denn die Sünde kommt, ebenso wie die Bibel keine Antwort. Vielmehr stellt Calvin die Faktizität des sündigen Menschen fest: Die gute Natur des Menschen hat sich in ihr Gegenteil verkehrt. Dabei ist der Begriff des Gegenteils von »gut« nicht in moralischen Kategorien aussagbar; Calvin vertritt auch keine pessimistische Sicht des Menschen, sondern eine theologische, herkommend von Gottes Bund.

Eine in der Neuzeit nicht selten aufkommende Anfrage an biblisches und auch reformatorisches Sündenverständnis ist die nach der Übertragbarkeit der Sünde. Oder anders gesagt: Es ist die Frage nach der Ur- oder Erbsünde. Anders als Augustin es getan hat, setzt Calvin hier nicht alles auf die Begierde.[9] Calvin formuliert breiter und grundsätzlicher. Denn Calvin hat letztlich gar keinen anderen Grund, dass wir uns in Adam wiedererkennen können, als dass wir es in der Bibel so lesen können.

> Denn die Ansteckung und Befleckung hat ihren Ursprung nicht etwa im Grundwesen des Fleisches oder der Seele, sondern darin, daß Gott es so eingerichtet hatte, dass der erste Mensch die Gaben, die er ihm zuteil werden ließ, mit den Seinigen zusammen besaß – und verlor![10]

Im Unterschied zu den meisten heute Lebenden hatte Calvin allerdings keine Mühe damit, Adam auch als geschichtliche Person anzusehen, dessen persönliche Sünde die ganze menschliche Natur und also alle Nachkommen Adams mit in Leidenschaft gezogen hat. Im Mittelpunkt aber steht bei Calvin keine biologische oder sonstwie konstatierbare Übertragung, sondern vielmehr die Identifikation. Die aber ist nicht abzulesen. Deshalb ist auch die Ur- oder Erbsünde nicht empirisch nachzuweisen, sondern ein Glaubensgegenstand, den Calvin der Heiligen Schrift entnimmt. Es muß nicht »an« die Sünde geglaubt werden. Vielmehr ist es, so Calvin, dass mit der Bibel von einer grundsätzlichen Verstricktheit in die Sünde auszugehen ist – und dass sich auch niemand davon ausnehmen kann. Selbst die kleinen Kinder sind hier nicht ausgenommen. Denn die Sünde, so merkwürdig das klingt, muss geglaubt werden. In Adam erkennen wir uns und unsere Natur. Wir sind nicht besser als Adam, wir sind genau so wie er. Auch wir sind Menschen, die nicht glauben und deshalb Gott ungehorsam sind. Und genau wie bei Adam folgt auch bei allen anderen Menschen daraus nicht nur die Zerstörung eines Teils des Menschen, vielmehr ist die Seele »in ihrem ganzen Bestand von der Sünde mit Beschlag belegt«.[11] Daraus erwachsen dann Sünden – oder wie Calvin es lieber nennt: Früchte der Sünde. Dazu zählt Calvin u.a. »Ehebruch, Hurerei, Diebstahl, Hass, Mord, Völlerei«.[12] Diese dürfen mit der Sünde selber nicht verwechselt werden, sondern sind Konsequenzen des Unglaubens und Ungehorsams Gott gegenüber. Denn wenn die Sünde mit den Früchten identifiziert werden würde, wäre die Wurzel und damit die Dimension der Sünde nicht erfasst; sie wäre auch nicht als Entfremdung, sondern allenfalls als menschliche Schuld zu verstehen.

Im Unterschied zur römisch-katholischen Lehrtradition zumindest in der Reformationszeit wendet sich Calvin deshalb gegen die Vorstellung, als würde die Sünde bestimmte Bereiche des Menschen nicht betreffen. Das betrifft auch den freien Willen. Anders als die Scholastiker spricht sich Calvin vehement dagegen aus, dass der Mensch in sich irgendeine Restfähigkeit besitzt, sich selber zu Gott hin auszurichten. Natürlich hat der Mensch weiterhin einen Willen. Nur ist der nicht frei, sich in Richtung Gott auszustrecken, sondern von der Sünde besetzt. Der Mensch ist also willentlich unter die Sünde geraten, die jetzt beim Menschen die Herrschaft übernommen hat. In Aufnahme eines Zitats von Bernhard von Clairvaux kann Calvin dann sogar davon sprechen, dass in Folge der willentlich begangenen Sünde diese jetzt mit Notwendigkeit den Menschen in Besitz genommen hat – und auch des Menschen Willen. Der unfreie, geknechtete Wille ist die Konsequenz des willlentlich begangenen Ungehorsams. Diese Tat des Unglaubens kann Calvin natürlich auch nicht als »frei« bezeichnen, weil »frei« immer positiv gefüllt ist – und Sünde macht unfrei. Ganz parallel zu Martin Luther in dessen Schrift vom geknechteten Willen verdeutlicht Calvin, dass der Sünder ganz und gar Sünder ist. Die Vorstellung eines freien Willens verlangt dagegen, dass Mensch und Gott zusammen wirken. Dieses Zusammenwirken von Mensch und Gott schließt Calvin nicht grundsätzlich aus – wohl aber für den Menschen vor der Rechtfertigung. Da gibt es nur einen, der Heil schafft: Gott alleine. Gott alleine wirkt das Heil, ohne dass der Mensch irgendetwas hinzugetan hätte oder hinzutun könnte. Im Blick auf den menschlichen Willen heißt das für Calvin, dass auch dieser von Gott verwandelt wird; »der Wille wird neu geschaffen, nicht um etwa erst anzufangen, Wille zu sein, sondern um vom Bösen zum Guten bekehrt zu werden!«[13] Es ist Gottes Gnade allein, die auch den Willen des Menschen zu Gott hin lenkt.

Die Gnade steht der Sünde gegenüber, die Gabe, die aus der Gnade hervorgeht, dem Tod. Darum bezeichnet Gnade die reine Güte Gottes oder die unverdiente Liebe, für die er uns in Christus den Beweis liefert, um unserem Elend zu Hilfe zu eilen. […]
So macht er deutlich, dass sich ausserhalb von Christus kein Tropfen Leben finden lässt und es auch kein anderes Heilmittel für unsere Not und unseren Mangel gibt, als dass er selbst uns mit seinem Überfluss überströmt.

Calvin in seinem Kommentar zu Römer 5,15.

In Christus kommt der Mensch zu sich selber zurück

Damit sind wir schon bei der Grundgegenüberstellung angelangt, die bei Calvin der Hintergrund für sein Sündenverständnis ist. Von Adam alleine kann Calvin nie reden. Vielmehr kann Calvin von der Sünde nie ohne das Wissen um die Vergebung und von Adam nie ohne Christus reden. Dabei stehen bei Calvin in Aufnahme paulinischer Begrifflichkeit Adam und Christus in doppelter Beziehung zueinander. Einmal kann Christus »der zweite Adam« genannt werden[14] – und das versteht Calvin als Hinweis darauf, dass Jesus Christus Mensch geworden ist, nur ohne Sünde. Gott selber in Jesus Christus »zeigt uns damit, daß er uns nahe, ja dass er unseresgleichen ist, denn er ist ja unser Fleisch und Blut!«[15] Die Erlösung des Menschen geschieht in Jesus Christus, indem er selber Mensch geworden ist und dann stellvertretend für den Menschen »die Strafe zu leiden, die wir verdient hatten«.[16] Christus ist also zweiter Adam, weil er wahrer Mensch ist.

Daneben gibt es aber eine zweite Beziehung, die Calvin wichtig und die für Calvin charakteristisch ist. Denn – wiederum in Aufnahme paulinischer Terminologie – Adam ist nur Abbild Jesu Christi. Das heißt: Ohne Jesus Christus kann auch die Bedeutung Adams nicht verstanden werden. Dass nämlich Adam als Ebenbild Gottes bezeichnet wird, hat bei Calvin letztlich christologische Gründe. »Adam hat das Bild Gottes nur insoweit an sich getragen, als er mit Gott verbunden war«.[17] Der Mensch ist tatsächlich zu Gottes Ebenbild geschaffen worden. Aber: »Dass er zu einer so hohen Würde gelangte, geschah um des eingeborenen Sohnes willen«[18] – und Christus ist Ebenbild Gottes von Anfang an. Das heißt, dass Adam von Anfang an nur im Blick auf Christus verstanden werden kann, die Schöpfung selber insgesamt also nur christologisch zu sehen ist. Calvin selber lehrt einen engen Zusammenhang von Schöpfung und Bund – die Schöpfung geschah auf Christus hin. Wenn dann die Frage aufkommt, ob Christus auch Mensch geworden wäre, wenn Adam nicht gesündigt hätte, weist Calvin diese zurück: Hier gibt es keine Antwort, das wäre nur Spekulation. Es gibt Verstehensgrenzen. »Wenn uns der Heilige Geist kundmacht, daß in Gottes ewigem Rat dies beides zusammen bestanden hat, Christus solle uns erlösen und zwar unter Teilhabe an unserer Natur, dann ist es uns nicht erlaubt, weiter zu fragen!«[19]

Im Blick auf diesen christologischen Zusammenhang gewinnt Calvins Ausdrucksweise von der Sünde als Entfremdung noch einmal einen tieferen Sinn. Denn in Adam ist der Mensch von seiner eigentlichen Bestimmung, Gottes Ebenbild zu sein, entfremdet worden. In der Befreiung durch Christus kehrt der Sünder aus der Fremde zurück in die Heimat, in sein Zuhause – in die Gottesbeziehung. Jesus Christus als wahrer Mensch ist Adam gleich geworden – nur ohne Sünde. Und als wahrer Gott hat Jesus Christus dem Menschen Befreiung gewirkt. In Jesus Christus erkennt der Mensch also, wer er – in Jesus Christus – wirklich ist: Ein gerechtfertigter, in die enge Gottesbeziehung Christi hineingenommener Mensch. Der Gott entfremdete Mensch kommt in seine schöpfungsgemäße Bestimmung hinein. Damit ist aber der Mensch, der sich letztlich durch die Sünde selber entfremdet hat, auch sich selbst nicht mehr entfremdet. Diese etwas enthusiastisch klingende Formulierung ist aber nur eschatologisch zu verstehen. Zusammenfassend kann Calvin diesen ganzen Prozeß beschreiben: »Denn da der geistliche Tod nichts anderes ist als die Entfremdung der Seele von Gott, werden wir alle als Tote geboren und leben als Tote, bis wir des Lebens Christi teilhaftig gemacht werden.«[20]

Von Adam als Typus des alten Menschen kann Calvin deshalb nur im Blick auf Christus als Typus des neuen Menschen reden. In Adam sieht und erkennt sich der Mensch als Sünder, der seiner eigentlichen Bestimmung nicht entspricht, der Gott nicht glaubt und ihm ungehorsam ist. In Jesus Christus sieht und erkennt sich der Mensch als gerechtfertigt, als in Übereinstimmung mit dem Willen Gottes lebend. Dieses sich in Christus als gerechtfertigt sehen können wird dem Menschen aber nicht durch Einsicht, sondern allein durch Gnade vermittelt und geschenkt – und letztlich Wirklichkeit auch erst im Eschaton. Weil aber Adams Bedeutung erst von Christus verstanden werden kann, ist isoliert von der Sünde nicht zu reden. Selbsterkenntnis und Gotteserkenntnis hängen zusammen. Und deshalb ist Gotteserkenntnis immer auch integraler Bestandteil der Sündenerkenntnis.

Kapitel VII
Jesus Christus: König, Priester und Prophet. Calvins Lehre vom dreifachen Amt Jesu Christi

Calvins Christusverständnis ist in seiner Lehre vom dreifachen Amt Christi gebündelt: Jesus Christus ist König, Priester und Prophet – alles uns zugute: Er herrscht, rettet und zeigt den Menschen den Willen Gottes. Die Lehre vom dreifachen Amt verbindet Altes und Neues Testament und verhindert Einseitigkeiten in der Christologie.

Die Reaktion Gottes auf die Sünde des Menschen ist nicht Verurteilung, sondern Befreiung. Das ist die Grundaussage des christlichen Glaubens generell. Und die gesamte Reformation, besonders Martin Luther, kreist um das Verständnis der Rechtfertigung des Sünders. Auch Calvin zählt die Rechtfertigung zu den wichtigsten und unaufgebbaren Stücken des christlichen Glaubens. Nur betont er mehr als Luther den rechtfertigenden Gott. Deshalb folgt in der Darstellung der Theologie Calvins auf den Abschnitt von der Sünde, die ja mit dem Ausblick auf Christus schon geschlossen hatte, nicht ein Kapitel zur Rechtfertigung, sondern zu dem, der regiert, der rechtfertigt und heiligt – oder genauer: Zur Lehre vom dreifachen Amt Jesu Christi.

Die Lehre vom dreifachen Amt Jesu Christi verbindet Person und Werk Jesu Christi miteinander

Für Calvins Christologie ist die Lehre vom dreifachen Amt Christi kennzeichnend. Ich beziehe mich dafür auf die knappe Darstellung im Genfer Katechismus. Dort heißt es zum dreifachen Amt Christi insgesamt:

Was bedeutet nun die folgende Bezeichnung »Christus«?

Mit diesem Titel wird sein Amt noch besser erklärt. Es bedeutet nämlich, vom Vater zum König, Priester und Propheten gesalbt zu sein.

Woher weißt du das?

Weil die Schrift diesen drei Tätigkeiten die Salbung zuordnet. Weiterhin schreibt sie diese drei, von denen die Rede ist, oft Christus zu.

Aber mit welcher Art Öl wurde er gesalbt?

Nicht mit einem sichtbaren, so wie es bei der Salbung der alten Könige, Priester und Propheten gebraucht wurde, sondern mit einem besseren, nämlich der Gnadengabe des Heiligen Geistes, welcher die eigentliche Wahrheit jener äußeren Salbung ist.[1]

Calvin ist keinesfalls der erste, der von Christus und seinen Ämtern gesprochen hat: Ansätze gibt es bereits in der Alten Kirche und im Mittelalter, und auch Martin Luther hat etwa durchaus das Amt des Königs und Priesters aufgegriffen. Neu ist aber einerseits, dass ein drittes Amt, nämlich Christus als Prophet, aufgeführt wird und andererseits, dass diese Drei-Ämter-Lehre solch eine gewichtige Funktion bekommt, an der Spitze der Christologie zu stehen, in der über Christus und sein Werk nachgedacht wird. Und das heißt, so formuliert Peter Opitz, dass Calvin »die ganze für uns geschehene und geschehende Christusgeschichte im dreifachen Amt Christi zusammengefaßt und in seiner ›Kraft‹ und ›Würde‹ herausgestellt«[2] sieht.

Was sind die Stärken dieser Lehre? Calvin möchte mit dieser Lehre eine Beziehung herstellen zwischen der Person Jesu Christi und seinem Werk. Beispielsweise spricht das Apostolische Glaubensbekenntnis von der Person Jesu Christi: Er ist Gottes eingeborener Sohn, unser Herr. Die weiteren Sätze reden von dem, was geschehen ist: empfangen, geboren, gelitten, gekreuzigt, gestorben, begraben, hinabgestiegen, auferstanden, aufgefahren, sitzend, kommend. Das alles sind Aussagen über das, was Jesus Christus getan hat, also über sein Werk. Die Lehre vom Amt hält Person und Werk zusammen, weil sie sowohl das Werk wie auch die Person integriert. Einseitigkeiten, die nur eine Seite betonen, gab es von Anfang der Kirche an bis in die Gegenwart. Einerseits wird von manchen gerne die Person Jesus von Nazareth besonders wahrgenommen und dann als vorbildlicher Mensch oder außergewöhnliche Gestalt gewürdigt. Auf der anderen Seite findet man Theologien, die ganz von der Person Jesu absehen und nur auf das Werk schauen. Calvin hat nun den Anspruch, mit seiner Lehre vom dreifachen Amt Christi beide Dimensionen zusammen zu halten.

Darüber hinaus ist Calvin dabei auch die Zusammengehörigkeit mit dem Alten Testament wichtig, weil dort die Salbung in das Amt des Königs, Priesters und Propheten vorhanden war; Christus ist eben nicht ohne das Alte Testament zu verstehen.

In der Darstellung im Genfer Katechismus gibt es für jedes Amt zwei Fragen. Die erste Frage lenkt den Blick auf das Amt selber, worin es besteht etc., und die andere fragt nach der Funktion dieses Amtes, nach dem Nutzen für uns. Auch daran ist wieder die Doppelpoligkeit der Theologie Calvins zu erkennen.

Das königliche Amt Christi

Im Genfer Katechismus heißt es:

Welcher Art ist nun sein Königtum, von dem Du sprichst?

Es ist geistlich, weil es in Wort und Geist Gottes besteht, die Gerechtigkeit und Leben mit sich bringen.

Was bringt uns sein Königsamt?

Durch seine Wohltat sind wir zu einem frommen und heiligen Leben in Freiheit der Gewissen befreit und mit seinen geistlichen Gütern versehen worden. So sind wir nun auch ausgerüstet mit der Kraft, die den Sieg über die stets vorhandenen Feinde unserer Seele – Sünde, Fleisch, Teufel und Welt – zu bringen vermag.[3]

Das Thema des königlichen Amtes Christi ist die Herrschaft Christi: Jesus Christus regiert. Es ist ein geistliches Königtum, darf also nicht mit irgendwelchen irdischen, vielleicht theokratischen Anstrengungen verwechselt werden, darauf legt Calvin eingehenden Wert. Nein, es ist die Herrschaft des zur Rechten Gottes sitzenden Christus. Er regiert die Welt, nicht nur die Christenmenschen, nicht nur die Kirche, nein, die Welt. Es ist kein anderer Gott, der die Welt regiert, als der in Christus offenbarte, weil Christus selber herrscht. Eine andere göttliche Seite und also etwa einen vom Christusangesicht losgelösten verborgenen Gott (deus absconditus) vermag Calvin nicht zu sehen.

Christus als König

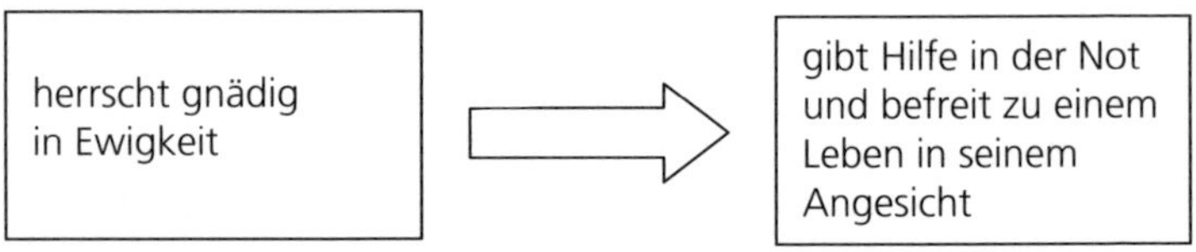

Diese Herrschaft Christi ist nicht einfach an der Welt abzulesen. Aber sie ist da. Gott steht zu seiner Schöpfung und sorgt für sie. Damit ist der Nutzen des königlichen Amtes Christi deutlich: Wir sind zu einem Leben in seinem Angesicht befreit, weil es ja keine andere Herrschaft gibt, der wir uns gegenüber in letzten Dingen verpflichtet wissen. Das ist auch eine kritische Dimension allen anderen irdischen Herren gegenüber: Weil Christus König ist, kann sich diese Macht kein anderer anmaßen. Im Vordergrund steht diese kritische Linie nicht, aber sie ist mitgegeben.

Und: Dieses Vertrauen gibt uns Kraft, ja, noch mehr: Der König hilft den Seinen, steht ihnen bei in Widerwärtigkeiten, hilft ihnen im Kampf gegen die Anfeindungen in dieser Welt. In der Institutio formuliert Calvin: So

> sollen wir denn in unserem Leben unter Elend und Mangel, unter Kälte und Verachtung, unter Schmach und aller anderen Not fröhlich durchhalten und mit dem einen zufrieden sein, daß uns unser König nie verlassen wird, daß er uns nie seine Hilfe in unserer Not versagt, bis wir unseren Kampf durchkämpft haben und zum Triumph gerufen werden; denn das ist die Art seiner Herrschaft, daß er uns alles das wiederschenkt, was er selbst vom Vater empfangen hat.[4]

Das priesterliche Amt Christi

Und das Priestertum?

Es ist die Pflicht und das Vorrecht, vor Gottes Angesicht zu treten, um Gnade zu erlangen und um seinen Zorn durch die Darbringung eines Opfers, das ihm genehm ist, zu stillen.

Wozu dient sein Priesteramt?

Zunächst ist er darin Mittler, daß er uns mit dem Vater versöhnt; dann darin, daß uns durch ihn der Zugang zum Vater eröffnet worden ist, damit wir voller Vertrauen vor sein Angesicht treten, um uns selbst und alles, was unser ist, ihm als Opfer dazubringen. So macht er uns gleichsam zu Teilhabern an seinem Priestertum (Hebr 7–10 und 13,15).[5]

Im priesterlichen Amt Christi geht es um das Zentralanliegen der Reformation, die Erlösung des Menschen. Und hier verwendet Calvin immer wieder die Vorstellung von Christus als Mittler, weshalb Calvins Christologie zu Recht auch als Mittlerchristologie bezeichnet werden kann. Christus ist wahrer Gott und wahrer Mensch, beides, und eben darin ist er Mittler zwischen Gott und Mensch. Christus versöhnt den Menschen mit Gott. Dabei greift Calvin auf die – oft missverstandene – Theologie und Terminologie Anselms zurück. Anselm ist vorgeworfen worden, er leiste einer Vorstellung Vorschub, nach der Gott durch ein Opfer versöhnt werden müsse. Und im oben zitierten Abschnitt scheint Calvin das auch zu tun, wenn er sagt, dass Gottes Zorn durch ein Opfer gestillt werden müsse.

Vor allem seit dem 19. Jahrhundert ist die Kritik an jeglicher Opferterminologie stark: Es passt nicht zu Gott, ein Opfer zu verlangen. Nun kommt der Begriff des Opfers im Neuen Testament vor (z.B. Eph 5,2; Heb 9,1). Aber hier ist nicht gemeint, dass Gott durch das Opfer versöhnt wird. Und das ist es bei Calvin auch nicht. Denn wir finden im gleichen Zusammenhang bei Calvin eine andere Beschreibung desselben Sachverhaltes: Er spricht von der »intercessio«, dem Dazwischentreten – Christus eröffnet uns den Zugang zum Vater.

Was also bedeutet die Opfervorstellung bei Calvin? Dazu ist es nötig, auf das Alte Testament zurück zu gehen. Die

Funktion des Priesters im Alten Testament, des Hohepriesters zumal, ist nicht die Aufgabe der Sündenvergebung – das allein ist Gottes Ding –, sondern es ist die der stellvertretenden Fürbitte. Einmal im Jahr wird ein Opfer gebracht, nicht um Gott zu besänftigen, sondern als Zeichen der Fürbitte für das schuldig gewordene Volk. Calvin sieht Christus hier in dieser Tradition, wenn auch nicht einmal im Jahr, sondern grundsätzlich. Es geht auch bei Calvin um die Veränderung des Menschen und nicht eine Besänftigung Gottes, bei der der Mensch ja gar nicht verändert wird. Der Mensch ist aufgrund des fürbittenden Eintretens anders geworden, weil Christus ihn selbst mit sich nimmt. Ohne dass der Begriff Stellvertretung hier fällt, ist er der Sache nach anwesend: In Christus sind auch die, für die er eintritt, heilig. Diese Versöhnung ist ewig, nicht zeitlich. Es geht um Gottes Wohlgefallen – und um des Menschen neue Würde. Die wird erreicht, weil Menschen in Christus sind.

Christus als Priester

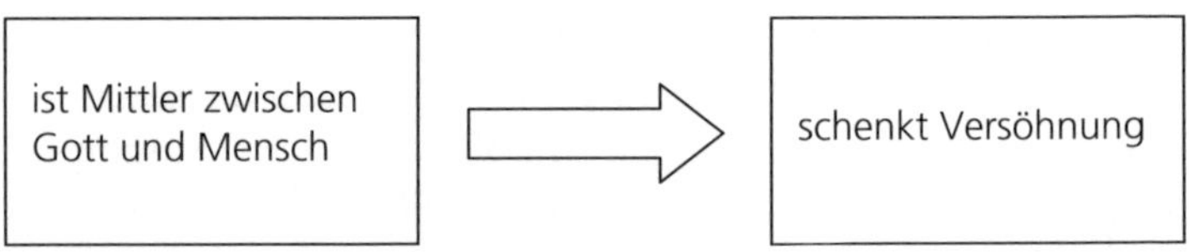

In diesem Zusammenhang ist auch die Rede vom Zorn Gottes zu verstehen. Steht eine solche Rede nicht im Widerspruch zur Liebe Gottes? Wie ist das Verhältnis beider Aussagen zu benennen? Kann der Zorn Gottes diese Liebe in Frage stellen? Ist Christus gekommen, um den Zorn zu besänftigen, weil Gott uns feind ist? Aber: Kann Gott uns feind sein? Ist Gott uns wohlgesonnen aufgrund des Kommens Christi, oder ist Christi Kommen ein Ereignis göttlichen Wohlgesonnenseins?

Calvin zitiert in der Institutio in der Behandlung dieser Thematik einige biblische Sätze, die eben das Verständnis, dass Gott dem Menschen aufgrund des Opfers Christi wohlgesonnen ist, zu stützen scheinen: »Gott ist dem Menschen feind gewesen, bis sie bei ihm wieder zu Gnaden gekommen sind (Röm 5,10). Oder wir hören auch, der Mensch sei unter dem Fluch, bis seine Ungerechtigkeit durch Christi Opfertod gesühnt sei (Gal 3,10.13)«.[6] Aber diese Sätze, so Calvin, dürfen nicht isoliert verstanden werden, sondern in ihrer Funktion. Sie haben eigentlich eine pädagogische Funktion, weil sie uns Menschen deutlich machen sollen, »wie jämmerlich und notvoll unsere Lage ist außer Christus.«[7]

Sie sind nicht, so Calvin, als definitive Beschreibungen zu sehen, sondern verdeutlichen dem Menschen seine Lage und fördern seine Bewegung hin auf die in Christus dem Menschen entgegengestreckte Hand.

Hier ist – und damit greife ich auf das folgende Kapitel schon etwas vor – das Thema des Gesetzes zu bedenken. Ebenso wie Martin Luther sieht Calvin, dass das Gesetz der Sünde überführt. Allerdings ist die Reihenfolge »Gesetz und Evangelium« nicht exklusiv zu verstehen, so dass das Gesetz die Vorbedingung des Evangeliums wäre. Auf die Fragen: »Ist das Gesetz nötig, um das Evangelium zu verstehen? Muß uns erst unsere Lage klar werden, damit wir das Evangelium begehren? Müssen wir erst unsere Sünde erkennen, um das Evangelium erkennen zu können?« antwortet Calvin differenziert. Das Gesetz oder die Sündenerkenntnis steht im Dienst des Evangeliums. Es geht nicht um Sündenerkenntnis als solche, sondern Sündenerkenntnis hat eine Funktion: Hin zum Evangelium. Aber: Diese Reihenfolge ist nicht exklusiv. Denn der Ausgangspunkt ist nicht das Gesetz, sondern das Evangelium. Die Rede vom Zorn Gottes, so Calvin, ist also deshalb da, weil wir so schwach sind und aufgrund dieser Drastik es besser erkennen zu können. Die Rede vom Zorn Gottes hat nicht die Absicht, Angst zu produzieren, sondern möchte lediglich den Menschen Mut machen, Gottes »Freundlichkeit und seine Vaterliebe allein in Christo ergreifen«[8] zu wollen.

Ist die Rede vom Zorn Gottes also uneigentliche Rede? Wenn denn die Rede vom Zorn gar nicht wirklich eine Feindschaft Gottes gegen den Menschen aussagt, wenn die Rede vom Zorn nur deshalb im Neuen Testament steht, weil der Mensch es braucht, ist dann überhaupt die Rede vom Zorn Gottes berechtigt, ist das dann noch eigentliche Rede?

Ja, so Calvin, es ist eigentliche Rede und nicht unrichtig. Denn weil Gott die Gerechtigkeit ist, und zwar die Gerechtigkeit in ihrer höchsten Vollkommenheit, »darum kann er die Ungerechtigkeit, die er an uns allen wahrnimmt, nicht lieben. Er findet in uns allen genug, was seinen Zorn verdient.«[9]

Das heißt: Gott ist nach Calvins Meinung nicht den Menschen feind, sein Zorn richtet sich nicht gegen diejenigen, die gesündigt haben, sondern gegen die Sünde. Weil Gott die Gerechtigkeit ist, darum wendet er sich gegen die Ungerechtigkeit. Calvin benutzt hier also ganz unproblematisch den juridischen Begriff der Gerechtigkeit. Gott selber ist gerecht, das ist seine Ausgangssituation.

Aber wozu ist er der Ungerechtigkeit gegenüber zornig? Calvin:

> Aber der Herr will in uns nicht dem Verderben preisgeben, was doch sein ist, und darum findet er immer noch etwas, was er in seiner Güte lieben kann. Denn wir sind zwar in unserer Verdorbenheit Sünder – aber wir bleiben doch seine Geschöpfe; wir haben zwar den Tod verdient – aber er hat uns doch einst zum Leben erschaffen! […] Deshalb tilgt er, um aller Feindschaft ein Ende zu machen und uns ganz mit ihm zu versöhnen, durch die in Christus geschehene Versöhnung alles Böse in uns aus, so daß wir vor ihm gerecht und heilig erscheinen, die wir doch zuvor unrein und befleckt waren.[10]

Gott findet im Menschen etwas, an das er anknüpfen kann. Allerdings ist das kein Habitus im Menschen, kein Restbestand, der nicht von der Sünde betroffen wäre, nein: Gott knüpft an das an, was er selber geschaffen hat. Damit ist dann aber auch klar, dass nicht die Versöhnung Gottes Liebe erst bewirkt, sondern umgekehrt: Gottes Liebe geht der Versöhnung voran. Gottes Bund mit dem Menschen setzt das Versöhnungsgeschehen in Gang, weil Gott durch die Versöhnung das Böse in uns tilgt – denn er möchte Gemeinschaft mit den Menschen haben. Zugang zu dieser der Versöhnung vorangehenden und sie begründenden Liebe Gottes hat der Mensch freilich erst in Christus.

Gottes Zorn richtet sich nicht gegen den Menschen, sondern richtet sich auf die Zukunft des Menschen und steht deshalb im Dienste der menschlichen Zukunft. Gottes Zorn ist also kein Affekt, sondern Vollzug der sich gegen die menschliche Ungerechtigkeit wendenden göttlichen Gerechtigkeit. Gott wird also nicht versöhnt, sondern er ist der Versöhner, der den Menschen wieder zurecht bringt. Und das heißt eben, dass das Werk der Versöhnung aus Gottes Liebe kommt.

Aus diesem Grunde sagt auch Paulus, die Liebe, mit der uns Gott geliebet hat »vor Grundlegung der Welt«, habe in Christus ihren Bestand und ihren Grund (Eph 1,4.5) Das sind klare und schriftgemäße Worte; von hier aus kann man auch in Einklang bringen, wenn wir einerseits in der Schrift lesen: »Also hat Gott die Welt geliebet, daß er seinen eingeborenen Sohn gab […]« (Joh 3,16), und dann andererseits, Gott sei uns feind, bevor ihn der Tod Jesu Christi uns wieder hat gnädig sein lassen. (Röm 5,10).[11]

Das prophetische Amt Christi

In welchem Sinn nennst du Christus nun »Prophet«?

Weil er bei seinem Kommen in die Welt sich bei den Menschen als Gottes Gesandter und Ausleger bekannt hat, und dies mit dem Ziel, den Willen des Vaters vollständig darzulegen und so alle Offenbarungen und Prophezeiungen zu vollenden (Jes 7,14; Hebr 1,1–2).

Dann bleibt uns das Prophetenamt.

Das Amt eines Lehrers der Seinen wurde dem Sohne Gottes zu dem Zweck übertragen, damit er sie mit der wahren Erkenntnis des Vaters erleuchte, in der Wahrheit erziehe und zu vertrauten Schülern Gottes mache.[12]

Das Amt des Propheten hat die Aufgabe, Gottes Willen kund zu tun. Vom Propheten und also von Christus erfahren wir, was Gott uns sagen will! Und eben auch, wer Gott ist. Christus ist Gottes Stimme auf Erden. Nun unterscheidet sich Christus von den Propheten des Alten Testaments darin, dass er vollkommen und unvermischt Stimme Gottes ist. Oder anders formuliert: Gottes Wort. Das hat eine doppelte Bezugrichtung. Einmal in Hinsicht auf das, was Jesus selber gelehrt hat: Seine Lehre ist wahrhaftige Lehre. Die Sätze, die er gesagt hat, sind zuverlässig und wahr, an die sich zu halten, ist richtig. Aber nicht nur die von ihm gesagten Worte, auch er selbst als Wort Gottes ist die wahrhaftige Gottesoffenbarung: So wie er ist, so ist auch Gott. Der Satz des prophetischen Amtes bezieht sich also auf die Gotteserkenntnis. Damit ist gleichzeitig eine kritische Aussage hinsichtlich der Gotteserkenntnis aus anderen Quellen gemacht: Gotteserkenntnis gibt es letztlich nur in ihm, und da dann auch wirklich ganz und gar.

Christus als Prophet

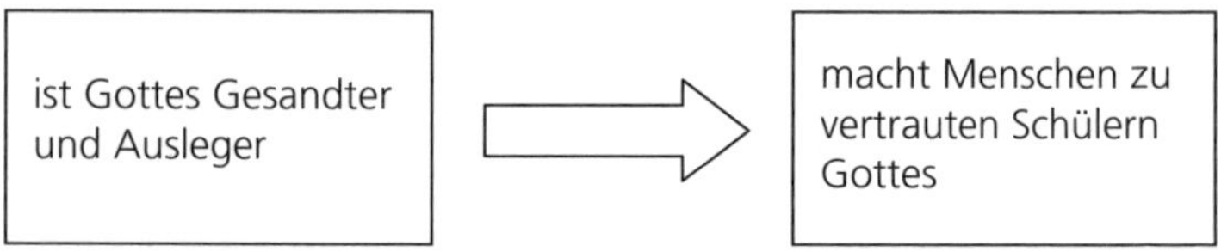

> Denn außer ihm [sc. Christus] ist nichts zu wissen nütze, und wer sein Wesen im Glauben ergriffen hat, der hat alle Güter des Himmels in ihrer ganzen Fülle umfasst! […] Die prophetische Würde, wie sie Christus innehat, soll uns also auch zu der Einsicht führen, daß in der Lehre, wie er sie uns gegeben hat, alle Weisheit in vollkommener Fülle beschlossen ist.[13]

Wenn wir jetzt einmal auf Calvins Lehre vom dreifachen Amt zurückblicken, so ist deutlich, dass er in Aufnahme und Überbietung alttestamentlicher Dimensionen die neutestamentliche Wahrnehmung sehr gut aufnehmen kann. Von daher verwundert es nicht, dass Calvins Lehre vom dreifachen Amt in der Folgezeit rezipiert worden ist, nicht allein von reformierter Theologie, sondern auch von lutherischer und sogar von römisch-katholischer. In der Lehre vom dreifachen Amt läuft die ganze Christologie zusammen – und man kann sogar sagen: Eigentlich ist sie das Zentrum der Theologie Calvins:

»Alles, was du sagst, läuft also darauf hinaus, daß die Bezeichnung ›Christus‹ diese drei Ämter umfaßt, vom Vater dem Sohne gegeben, damit er deren Kraft und Nutzen den Seinen vermittle. So ist es.«[14]

Kapitel VIII
Das von Christus her zu verstehende Gesetz bringt Erkenntnis und Lebenshilfe

Weil Christus die Mitte des göttlichen Bundesgeschehens ist, ist auch das Gesetz von daher zu verstehen. Die Aufgabe des Gesetzes besteht deshalb vor allem in der Aufdeckung unserer Sünde, in der Ordnung des Miteinanders, vor allem aber dient es den Christen, indem es Gotteserkenntnis schenkt und durch die Ermahnung dem christlichen Leben als Wegweisung dient.

Der Pulsschlag der Theologie Martin Luthers lässt sich – sehr grob und knapp – im Zusammenhang seines Rechtfertigungsverständnisses und seiner Lehre von Gesetz und Evangelium entfalten. Die Mitte seiner Theologie ist die Erkenntnis, dass Gott den Menschen gerecht spricht, ohne dass er irgendwelche Verdienste vor Gott erwirbt. Der Weg, die Rechtfertigung zu erkennen, geschieht bei Luther je länger je mehr mit Hilfe der Begrifflichkeit von Gesetz und Evangelium. Das Gesetz – und hierunter versteht Luther sowohl das alttestamentliche Gesetz wie alle anderen göttlichen Gebote – zeigt dem Menschen nicht nur an, dass er ein defizitäres Wesen ist, weil er gegen das *Gebot* Gottes verstoßen hat; zugleich erkennt er, dass er in der Beziehung Gott – Mensch als Sünder existiert, weil es ein Gebot *Gottes* ist. Das Gesetz zeigt dem Menschen seine Sündhaftigkeit und lässt ihn nach Gott suchen und fragen. Das Evangelium als Antwort Gottes ist hingegen die Verheißung der Sündenvergebung: Du bist vor Gott gerecht, auch wenn du ein Sünder bist, der dem Gesetz nicht entsprechend lebt. In dieser theologischen Tradition hat das Gesetz seine eigentliche Funktion darin, dass es der Sünde überführt.

Calvin nun ist in seinem Verständnis des Gesetzes nicht in einen falschen Gegensatz zu Luther zu stellen. Denn die genannten Linien lassen sich auch bei Calvin finden; Calvin steht also dicht bei Luther. Und doch akzentuiert Calvin anders und beschränkt das Gesetz nicht auf die Sündenerkenntnis. Der wichtigste Grund dafür ist die zentrale Stellung, in der Christus mit seinem dreifachen Amt steht. Luther hatte vor allem die Rechtfertigungslehre herausgestellt, die mit dem priesterlichen Amt Christi beschrieben werden kann. Da Calvin aber darüber hinaus Christus auch als König und Propheten sieht, hat auch das Gesetz, das Calvin von Christus her in den Blick bekommt, eine komplexere Bedeutung.

Das Gesetz – von Christus her und auf Christus hin

Calvin liest die Bibel und damit auch das Alte Testament christologisch-bundesgeschichtlich. Das heißt, er sieht Jesus Christus als die Mitte des Bundes, den Gott beschlossen und vollzogen hat. Auf diese Mitte hin ist das Handeln Gottes konzentriert und von ihm her auch zu verstehen. Deswegen liest Calvin die Bibel von Christus her. Und deswegen versteht er auch das Alte Testament (wie auch das Neue Testament) auf Christus hin.

Das Gesetz ist etwa vierhundert Jahre nach dem Tode des Abraham hinzugetan; aber es kam [...] nicht, um das erwählte Volk von Christus *weg*zuführen, sondern vielmehr um sein Herz bis zu dessen Ankunft in Erwartung zu halten, sein Verlangen immer neu zu entfachen und es im Warten zu stärken, damit es nicht bei dem langen Verzug vom Wege abkomme![1]

In Calvins Auslegung der zehn Gebote ist das deutlich. Der erste Satz: »Ich bin der Herr, dein Gott, der ich dich aus Ägyptenland, aus dem Diensthaus geführt habe« stellt für Calvin »eine Art Vorrede auf das ganze Gesetz«[2] dar. Denn der Hinweis auf Gottes befreiendes Handeln in der Geschichte seines Volkes verhindert, die Gebote als isolierte Gesetzesaussagen misszuverstehen. Dieses Ereignis ist auch für Christen und Christinnen nicht gleichgültig, weil für Calvin »die ägyptische Knechtschaft Israels ein Vorbild der geistlichen Gefangenschaft ist, in der wir alle uns befinden«;[3] die Befreiung aus

Ägypten ist dann transparent für das Befreiungshandeln in Christus.

Nur in diesem großen Horizont ist das Gesetz recht zu verstehen: Es kann also nicht als isoliertes Gesetz, als für sich stehender Wortlaut verstanden werden. Es kommt von Gott, weil Gott seinem Volk damit etwas Gutes tun will. Das zu betonen ist für Calvin nötig, weil das Missverständnis im Umgang mit dem Gesetz gerade darin besteht, diesen Zusammenhang nicht zu sehen oder zu betonen.

Zunächst ist zu fragen, was denn Calvin unter »Gesetz« versteht. Klassischerweise wird, vor allem wenn Christen und Christinnen das Alte Testament lesen, hier auf die zehn Gebote verwiesen. Das tut auch Calvin. Denn auch er sieht die zehn Gebote in einer herausragenden Rolle, weil sie »die Richtschnur bilden, wie man fromm und gerecht leben soll«.[4] Aber zugleich versteht Calvin unter dem Gesetz einerseits darüber hinaus die fünf Bücher Mose, die »Tora« genannt werden, was mit »Gesetz« übersetzt werden kann, und andersererseits das ganze Alte Testament, denn nach Calvin ist das Gesetz »die ganze Gestalt der Gottesverehrung, wie sie Gott durch Moses Hand eingerichtet und gelehrt hat.«[5] Alle göttlichen Gebote und Weisungen, die dort zu finden sind, einschließlich aller alttestamentlichen Zeremonialgesetze, werden hier einbezogen.

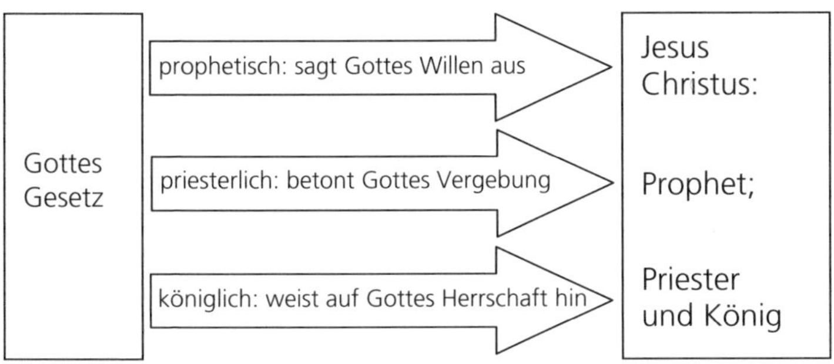

Wenn nun alle Gebote von Christus her und auf Christus hin zu verstehen sind, kommt ihnen – entsprechend zur Lehre vom dreifachen Amt Christi – auch ein dreifacher Bezug zu.

Die Gesetze haben eine prophetische Aufgabe, insofern sie den Willen Gottes aussagen und benennen. Sie haben auch eine priesterliche Aufgabe, weil – vor allem die Zeremonialgesetze – das sündenvergebendene Handeln Gottes betonen. Und sie haben eine königliche Aufgabe, weil in ihnen die Herrschaft Gottes zum Ausdruck kommt. In allen drei Aufgaben weisen die alttestamentlichen Gesetze in ihren Vollzügen über sich hinaus auf Christus: Er ist die Offenbarung des Willens Gottes, er ist das Opfer schlechthin (deshalb ist der Vollzug der Zeremonialgesetze auch mit dem Kommen Jesu Christi abgetan) und in ihm ist die Herrschaft Gottes da.

Die Aufgaben des Gesetzes

Der Mensch lebt in Entfremdung zu Gott – darin lässt sich Calvins grundlegende Beschreibung der Sünde fassen. Und das bedeutet auch, dass der Mensch als Sünder in Entfremdung vom göttlichen Gesetz lebt: Er lebt eben nicht so, wie Gott es von ihm möchte und er erkennt Gott nicht recht. Das wird von Calvin weder begründet noch ist das empirisch beweisbar. Ein Kennzeichen des Sünderseins im Blick auf das Gesetz ist aber auch darin zu sehen, dass der Sünder es isoliert und also unabhängig vom Handeln Gottes her versteht. Dann ist das Gesetz eine aus sich selbst zu begründende Forderung, ein nackter Befehl. Und dann werde gemeint, durch die Erfüllung des Gesetzes könnten vor Gott Verdienste erworben werden. Das aber, so Calvin, ist einmal eine Pervertierung des Gesetzes. Es war nie so gemeint, als wäre es ein Mittel, um sich irgendwelche Verdienste vor Gott erwerben zu können. Und zum anderen ist das eine Verkennung der menschlichen Situation, weil damit der Mensch nicht als Sünder verstanden werde. Die Gesetze und göttlichen Gebote sind immer nur in Verbindung zum Bundeshandeln Gottes zu sehen und von ihm her.

Deshalb weist Calvin dem Gesetz drei Aufgaben zu:

Das Gesetz ist Spiegel unserer Ungerechtigkeit

Im Gesetz zeigt Gott uns seine Zuwendung, weil er hier seinen Willen kundttut und den Menschen auch auszeichnet, in das göttliche Regieren auf menschliche Weise involviert zu sein. Das Gesetz zeigt uns gerade in seiner auf Christus verweisenden Bedeutung Gottes rechtfertigendes und versöhnendes Wesen. Im Blick auf diese Wahrnehmung göttlicher Gerechtigkeit erkennen »wir unsere Ohnmacht und aus ihr unsere Ungerechtigkeit, [...] so wie uns ein Spiegel die Flecken und Runzeln unseres leiblichen Angesichts vor Augen hält.«[6] Wie geschieht das?

Der vor Gott lebende Mensch mag sich anmaßen, es mit seiner eigenen Selbstgerechtigkeit gut sein zu lassen, und meinen, sein eigener Richter zu sein. Der Sünder meint, Gott nicht nötig zu haben. Das aber, so Calvin, ist eine Selbsttäuschung. Und es ist eine wichtige Aufgabe des Gesetzes, diese Selbsttäuschung des Menschen aufzuheben. Calvin weist ihm darin sogar explizit den Begriff »Lehramt« zu. Denn das göttliche Gesetz hat die Aufgabe, die rechte Selbsterkenntnis zu fördern und damit den Menschen über seine wirkliche Lage aufzuklären. Indem der Mensch erkennt, dass er die Forderung des Gesetzes nicht erfüllen kann, hat das Gesetz recht gelehrt: Dann »legt er jene Anmaßung ab, die ihn zuvor blendete.«[7] Dann erkennt der Mensch sich als Sünder.

Calvin ist hier übrigens genau. Er sagt an keiner Stelle, dass die Erkenntnis des Nicht-Erfüllen-Könnens des Gesetzes bereits aus sich heraus Sündenerkenntnis bewirkt. Calvin unterscheidet hier zwischen Glaubenden und Nicht-Glaubenden. Den Glaubenden dient das Gesetz dazu, ihre eigene Sünde zu erkennen, weil sie bereits Gotteserkenntnis haben: Sünden- und Gotteserkenntnis sind ja nicht voneinander zu trennen. Bei den Nicht-Glaubenden ist das etwas anders: Vielleicht bekommen sie ein unruhiges Gewissen angesichts dessen, dass sie das Gesetz nicht befolgen und vielleicht »geraten sie doch durch das Zeugnis des Gesetzes und ihres eigenen Gewissens in Schrecken«.[8] Nicht-Glaubende erkennen also angesichts des Nicht-Befolgens der Gesetze bestenfalls ihre Defizite.

Glaubende hingegen erkennen ihre Sünde als Entfremdung von Gott.

Weil aber das Gesetz das Gesetz des gnädigen Gottes ist, ist die Sündenerkenntnis nicht ohne Gotteserkenntnis möglich. Deshalb ist die Sündenerkenntnis nie zu isolieren. Sündenerkenntnis soll den Menschen nicht »in Verzweiflung versinken und [...] trostlos ins Verderben stürzen«[9] lassen. Es dient vielmehr dazu, die Gnade Gottes viel stärker zu erkennen, lässt den Menschen immer mehr zu Gottes »Barmherzigkeit ihre Zuflucht nehmen, auf sie allein sich stützen, sich in ihr gänzlich bergen, sie allein als Verdienst für sich in Anspruch nehmen, da sie doch in Christus allen dargeboten wird.«[10] Dieser überführende Gebrauch des Gesetzes ist übrigens klassisch reformatorisch – und für Luther der eigentliche und entscheidende. Für Calvin ist er, das war zu sehen, wichtig. Aber er ist nicht der dem Gesetz eigentlich innewohnende und darum auch intendierte.

Das Gesetz ordnet die öffentliche Gemeinschaft

Die zweite von Calvin dem Gesetz zugeschriebene Aufgabe ist die der öffentlichen Ordnung. Hier hat Calvin weniger die vor Augen, die dem Gesetz innerlich nicht zustimmen und also seine Befolgung für nicht sinnvoll erachten. Sondern vielmehr solche, die durch bestimmte Gesetze vom Vollzug ihres gemeinschaftsschädigenden Verhaltens abgehalten werden sollen. Kurz gesagt: Hier hat das Gesetz die Aufgabe, dem Chaos zu wehren und dem Frieden zu dienen. Auch die Androhung von Strafe soll die Menschen daran hindern, »ihre sonst maßlos ausbrechenden Begierden des Fleisches zurückzuhalten.«[11]

Calvin argumentiert hier nicht mit der den Menschen innewohnenden Vernunft, mit der bestimmte Gebote (wie z.B. das Nicht-Töten) rational begründbar sind. Vielleicht ist Calvin hier vor allem voraufklärerisch. Und vielleicht würden wir heute die politische, d.h. die gesellschaftliche Dimension hier anders begründen, als Calvin das tut. Vielleicht haben wir auch andere pädagogische Vorstellungen als Calvin an dieser

Stelle und trauen der Angst vor Strafe als Prävention wenig zu. Das alles mag sein.

Wichtig aber ist, dass Calvin hier grundsätzlich die Gebote als auf die Gesellschaft und das heißt auf das Miteinander bezogene versteht. Denn damit wird deutlich, dass Gottes Herrschaft nicht allein auf die Kirche beschränkt ist, sondern dass Gott als Herr und Schöpfer der Welt will, dass »der Stadt Bestes« gesucht wird, dass Frieden existiert. Das, was weiter unten in der politischen Dimension der Theologie und Ethik Calvins reflektiert werden wird, hat auch hier schon eine wesentliche Referenz: Die Gesetze haben auch das ordnende Miteinander der gesamten Gesellschaft im Blick. Deshalb darf sich auch die Kirche als Interpretin dieser Gebote nicht aus dem Miteinander herausziehen.

Christen und Christinnen möchten Gott gerne gehorchen und ihnen nützt das Gesetz

Diese dritte Aufgabe des Gesetzes ist für Calvin die eigentliche und wichtigste. Das unterscheidet ihn z.B. von Martin Luther, der diesem Aspekt keine besondere Aufmerksamkeit gewidmet hat. Denn mit der Sündenerkenntnis und der öffentlichen Dimension hat das Gesetz nicht ausgespielt, sondern wird von Christus her neu in Kraft gesetzt, ja von Christus her wird die eigentliche Aufgabe des Gesetzes wieder neu sichtbar und zur Lebensaufgabe der Christen und Christinnen.

Zu Anfang formuliert Calvin sachlich noch in großer Übereinstimmung beispielsweise auch mit Luther, wenn er davon spricht, dass die Christen Gott gerne gehorsam sind, weil sie »durch die Leitung des Geistes innerlich so gesinnt und gewillt«[12] sind. Dass Christen gute Werke tun und sie aus ihnen herausfließen, ist Luther ein beständiges Anliegen gewesen. Und das »gerne«, das Calvin hier markiert, nimmt diesen Akzent Luthers auf. Gott zu gehorchen ist keine Fremdbestimmung, die die Gewissen der Menschen nötigen könnte. Gott, der dem Menschen in Gnade zugewandt ist, wollen die, die in Gemeinschaft mit ihm leben und ihr Leben ihm verdanken, gerne entsprechen.

Der Unterschied zu Luther besteht bei Calvin nun darin, dass Calvin dem Gesetz zutraut, diesem Gott-entsprechenwollen nützlich sein zu können. Inwiefern hilft das Gesetz den Glaubenden im Leben? Es hat eine pädagogische Funktion, indem es Gotteserkenntnis schenkt und durch die Ermahnung dem christlichen Leben dient.

Calvin weist immer wieder darauf hin, dass Gottes- und Selbsterkenntnis ein lebenslanger Prozess sind. Und hier hat das Gesetz auch seine Aufgabe. Der Selbsterkenntnis dient die erste Dimension: Der Mensch erkennt sich im Gesetz als Sünder, der sich nicht selbst Leben verschaffen kann. Aber er erkennt im Gesetz auch Gott, weil es ja dessen Gesetz ist und auf Christus hin verstanden werden will. Die »Eigenart seines Herrn genauer zu erforschen«[13] ist eine Aufgabe, die alle Glaubenden nötig haben – es ist dies Kennzeichen einer lebendigen Beziehung. Calvin traut dem Menschen hier übrigens durchaus Erkenntnisfortschritte zu. Neben der Betonung der Erkenntnis dient das Gesetz auch dem praktischen Vollzug des christlichen Lebens. Hier ist das Gesetz als »Richtschnur für ein rechtes, gerechtes Leben«[14] gemeint. In dieser Hinsicht ist auch das alttestamentliche Gesetz keineswegs abgetan, sondern vielmehr neu in Geltung gesetzt.

Ein großer Teil der leidenschaftlichen Theologie Calvins ist hier verortet. Seine Frage nach der gegenwärtigen Geltung und Bedeutung der im Alten und Neuen Testament zu findenden Weisungen drängt ihn. Seine Interpretation beispielsweise der zehn Gebote in der Institutio zeigen ihn in dieser ständigen Bewegung. Einerseits sind die Gebote göttlich und stehen deswegen unbedingt in Geltung. Andererseits sind die Gebote aber nicht losgelöst vom Handeln Gottes und also von Christus her zu verstehen; deswegen dürfen die Gebote nie gesetzlich verstanden werden, das heißt in sich selber gegründet. Dann würden die Gebote die Gewissen binden und bei Nichtbefolgung das Verdammungsurteil sprechen, dann würden sie unchristlich verstanden werden. In dem Zusammenhang versteht Calvin auch die kritischen Aussagen des Paulus über das Gesetz. Sie dürften nicht so verstanden werden, als sollte es abgetan werden – vielmehr werden die Glaubenden vom falschen und das heißt bindenden Charakter des Gesetzes befreit.

Dieses neue Verständnis des Gesetzes ist eigentlich auch das alte und ursprüngliche. Deswegen kann Calvin auch keinen prinzipiellen Unterschied im alttestamentlichen wie im neutestamentlichen Umgang mit dem Gesetz sehen. Und deshalb kann Calvin auch zwischen Evangelium und Gesetz keine kategoriale Differenz sehen. Im Lichte des Kommens Jesu Christi als Priester, Prophet und König sind seine Weisungen evangelisch, die frohe Botschaft atmend und ausstrahlend. Weder das Evangelium noch das Gesetz gehen in selbstständigen Sätzen oder Satzungen auf, sondern bedürfen des ständigen auch prozessualen Bezuges auf Gottes Bund mit den Menschen.

Das hat Konsequenzen für den kirchlichen Umgang mit den Geboten. Wenn alt- und neutestamentliche Gebote Gewissen bedrängen, wenn sie mit unbedingter Autorität vertreten werden und sie nicht für die göttliche Gnade durchlässig und transparent sind, sind sie nicht recht gesehen. Es geht nie um den Zuspruch oder Anspruch der Kirche. Und deshalb ist der Grundzug des Calvinischen Gesetzesverständnisses auch gut in der 2. These der Barmer Theologischen Erklärung ausgedrückt:

Wie Jesus Christus Gottes Zuspruch der Vergebung aller unserer Sünden ist, so und mit gleichem Ernst ist er auch Gottes kräftiger Anspruch auf unser ganzes Leben; durch ihn widerfährt uns frohe Befreiung aus den gottlosen Bindungen dieser Welt zu freiem, dankbarem Dienst an seinen Geschöpfen.

Wir verwerfen die falsche Lehre, als gebe es Bereiche unseres Lebens, in denen wir nicht Jesus Christus, sondern anderen Herren zu eigen wären, Bereiche, in denen wir nicht der Rechtfertigung und Heiligung durch ihn bedürften.[15]

Kapitel IX
Das vornehmste Werk des Heiligen Geistes: Der Glaube

Der Heilige Geist verbindet die Menschen mit Jesus Christus, indem er ihnen den Glauben schenkt. Nur im Glauben sind die in Christus dem Menschen geschenkten Wohltaten zu erkennen – mit Herz und Verstand, beides. Allerdings ist unter den Gegebenheiten dieser Welt der Glaube immer wieder angefochten. Aber im Glauben vertraut der Mensch darauf, dass das Wirken des Geistes mächtiger als die Anfechtungen ist.

Es ist bereits oft festgestellt worden, dass Calvin häufiger und intensiver über den Heiligen Geist spricht als andere Reformatoren. Und im Abschnitt zur Trinität ist zu sehen, wie Calvin – ohne dass er die Einheit der drei göttlichen Personen in Frage stellt – doch jeder Person Eigenheiten zuerkennt, die ihr Sein und Handeln in besonderer Weise kennzeichnen. In der theologischen Tradition wird dem Heiligen Geist das göttliche Handeln im Allgemeinen zugeschrieben. Das hat auch Calvin getan, wenn er davon spricht, dass der Heilige Geist Gottes »Kraft und Wirksamkeit im Handeln«[1] ist.

Nun fällt aber bei Calvin auf, dass er eine Tätigkeit des Heiligen Geistes in besonderer Weise heraushebt und ständig betont: Der Heilige Geist wirkt den Glauben. »Das vornehmste Werk des Heiligen Geistes aber ist der Glaube; auf ihn muß daher auch ein großer Teil der Aussagen bezogen werden, die uns da und dort zur Beschreibung seiner Kraft und seines Wirkens begegnen. Denn er führt uns allein durch den Glauben an das Licht des Evangeliums heran«.[2] Calvin beschränkt das Wirken des Geistes nicht. Das wird auch am Aufbau der Institutio deutlich: Die Bücher III und IV thematisieren das Wirken des Heiligen Geistes bei den Glaubenden und in Kirche und Welt. Aber der Glaube ist das »eigentliche Werk«[3] des Heiligen Geistes. Deshalb kann man bei Calvin den Glauben und den Heiligen Geist nicht voneinander trennen.

Der Glaube ist eine einseitig beginnende und zugleich verborgene Kommunikationshandlung des Heiligen Geistes

Ohne jetzt die im folgenden Abschnitt zu behandelnde Frage von Erwählung und Prädestination vorwegnehmen zu können, ist es für Calvin völlig klar, dass der Mensch von sich aus gar nicht in der Lage ist, einen Weg zu Gott finden, Gott und auch sich selbst erkennen zu können. Dass der Mensch Sünder ist und dass er der Rechtfertigung bedarf, ist dem Menschen keine von sich aus mögliche Einsicht. Und noch viel weniger ist dem sündigen Menschen die Erkenntnis nahe, dass Christus seine Gerechtigkeit ist. Deshalb ist es Gott selber, der im Heiligen Geist dem Menschen diese Gerechtigkeit zueignet. Der Glaube ist ein Geschenk des Heiligen Geistes und nicht eine menschliche Wahl.

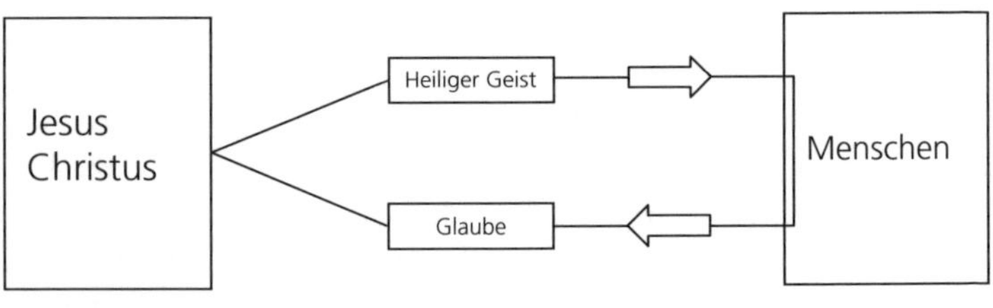

Von dieser einseitig beginnenden Kommunikation seitens Gottes ist nun auch zu sagen, dass sie nicht unmittelbar einsichtig ist. Nicht alle Menschen glauben an den dreieinigen Gott und der Glaube ist auch nicht von außen erkennbar. Calvin spricht deshalb von der »verborgenen Wirksamkeit des Heiligen Geistes«.[4] Diese nicht unmittelbar sicht- und nachprüfbare Handlungsweise des Heiligen Geistes bringt die Schwierigkeit und den Reiz mit sich, vom Glauben nicht einfach mit herkömmlichen Kategorien sprechen zu können.

Alle Beschreibungen des Glaubens, wie Calvin sie deshalb ausführlich erwägt, sind davon bestimmt, dass er etwas im Menschen sich Ereignendes aussagt, wofür die Worte selber nicht ganz angemessen sind; es sind also immer nur annähernde Beschreibungen. Das Handeln des Heiligen Geistes ist also nicht nur für die Außenstehenden nicht sichtbar, sondern auch für die Glaubenden nicht einfach verfügbar und zu definieren.

Der Glaube bezeichnet die geschenkte Gemeinschaft zwischen Christus und den Menschen

Was passiert, wenn der Heilige Geist zum Menschen kommt? Er verbindet den Menschen mit Christus. Der »Heilige Geist ist das Band, durch das uns Christus wirksam mit sich verbindet.«[5] Damit ist der Glaube als Begegnungsgeschehen und als Ereignis beschrieben, in der Mensch und Christus miteinander Gemeinschaft haben. In dieser Gemeinschaft vollzieht sich nach Calvin, ähnlich wie Martin Luther es aussagen konnte, ein »fröhlicher Wechsel«, weil sich Christus selber schenkt und Anteil an unserem Leben nimmt. Jesus Christus

> will nämlich mit unserem Leben Gemeinschaft haben, und alles, was er hat, soll unser sein; und er will in uns wohnen, nicht nur in unserer Einbildung, sondern wirklich; aber nicht auf irdische, sondern auf geistliche Weise; und überhaupt wirkt er durch die Kraft seines Heiligen Geistes derart, dass wir enger mit ihm vereint sind als die Glieder eines Körpers.[6]

Diese enge Gemeinschaft ist nun freilich nicht mystisch zu erfahren – das wäre nach Calvin noch viel zu irdisch und könnte darüber hinaus bedeuten, im Glauben schon alles fassen zu können. Der Glaube aber ist auf Erden nur ein Samenkorn einer noch viel größeren Herrlichkeit, die der Ewigkeit zuzuschreiben ist. Der Mensch löst sich im Glauben nicht in Christus auf. Aber es ist auch nicht sagbar, dass sich der Mensch gar nicht verändert. Vielmehr bewirkt der Heilige Geist »unsere Wiedergeburt und macht uns zu neuen Geschöpfen.«[7]

Der Glaube ist Erkenntnis und Zuversicht und umfasst Herz und Verstand

Bei allen Worten, mit denen Calvin den Glauben zu umschreiben sucht, ist zu sehen, wie er um die rechten Worte ringt. Der Glaube ist eine Erkenntnis, so betont Calvin immer wieder. Aber sofort fügt er hinzu, dass es keine Erkenntnis ist, die ein einfaches Definieren seines Gegenstandes zum Inhalt hätte. Die Erkenntnis Christi ist »höher, und deshalb muss der Menschengeist über sich selbst hinaus steigen«.[8] Der Glaube ist nur deshalb als Erkenntnis zu verstehen, weil der Heilige Geist dem Menschen etwas bezeugt, was mit den üblichen Kategorien unseres Verstandes nicht zu fassen ist. Diese Erkenntnis ist deshalb kein rein intellektuell zu fassender Akt, sondern ist – ähnlich wie das Wort auch im Alten und Neuen Testament gebraucht wird – ein Gemeinschaftsereignis: Der göttliche Geist gibt unserem Geist Zeugnis dessen, was Christus für uns erworben hat – und wir erkennen und glauben das. Der Verstand ist dabei nicht ausgeschaltet, vielmehr in höchster Weise angerührt. Aber weil er von sich aus nicht fähig zu dieser Erkenntnis ist, muss er »erleuchtet« werden, um Christus und seine Wohltaten zu erkennen. Man könnte sogar sagen, dass im Glauben der Verstand nicht ausgeschaltet, sondern geradezu potenziert wird, weil neue Dimensionen des Verstehens und Erkennens angerührt werden. Der Verstand wächst über sich selbst hinaus, kommt in eine neue Dimension hinein. Damit sind die Beschränkungen, die sonst dem Verstand zu eigen sind (z.B. Vergänglichkeit, Endlichkeit), durchbrochen. Weil der Mensch nach Calvin als ganzer Mensch vom Heiligen Geist angerührt wird, ist auch der Verstand angerührt. Das hat manchmal dazu geführt, dass Calvin ein Intellektualismus unterstellt wird, weil er mit der vor allem in der Neuzeit üblichen Kategorisierung, der Glaube sei hauptsächlich als Gefühl zu kennzeichnen, nicht konform geht. Der Verstand aber ist nicht der ganze Mensch.

Deshalb fügt Calvin immer hinzu, dass der Heilige Geist auch die Herzen erreicht: Die Überzeugungskraft des Heiligen Geistes bewirkt, dass die Wohltaten Christi »in unseren Herzen versiegelt werden«.[9] Hier ist – ohne das jetzt schon ausleuchten zu können – eine Verbindung zu Calvins Sakramentsverständnis zu sehen, weil auch hier der Begriff des »Siegels« auftaucht und weil der Heilige Geist auch die sichtbaren Zeichen nutzt, um uns zu erreichen. Hier, so ist Calvins feste Überzeugung, hat der Geist eine schwere Arbeit zu leisten: »Denn der Unglaube sitzt uns so tief im Herzen und ist dermaßen verwurzelt«,[10] dass das Vertrauen auf Christus sich nicht von selber einstellt. Aber das, was aus Sicht der menschlichen Natur nicht gelingen kann, dass nämlich der Mensch auf die Verheißung Christi setzt, das gelingt dem Geist – gegen alles menschliche Um-sich-selbst-Kreisen: Er bewirkt, dass der Mensch nicht nur äußerlich, sondern innerlich ergriffen wird, so dass der Mensch »mit ruhigem Gewissen vor Gottes Angesicht [...] treten«[11] kann. Das Vertrauen auf Gottes Verheißungen bewirkt Frieden und macht »ruhig und fröhlich«.[12]

Allerdings ist auch zu sehen, dass dieser Glaubenserkenntnis und diesem Handeln des Geistes eine andere Erfahrung zur Seite steht: »gewaltig ist die Wucht der Anfechtungen«,[13] die den Glauben bedrohen. Ohne diese Dimension ist der Glaube unter den Bedingungen der Endlichkeit auch nicht zu haben, weil Glauben und Schauen zu unterscheiden sind. Calvin kann deshalb den Glauben nur in der Dialektik von Stärke und Schwäche beschreiben. Einerseits ist er so stark zu sehen, dass er das Leben des Menschen völlig verändert, weil der Heilige Geist Besitz ergreift und des Menschen Herz ruhig stimmt. Und andererseits ist er immer ein schwacher und unvollkommener Glaube, weil nur »ein geringes Stücklein jener göttlichen Weisheit uns in diesem gegenwärtigen Leben wirklich zuteil werden kann.«[14] Aber auch der schwächste Glaube gibt »einen sicheren und untrüglichen Geschmack«[15] zu spüren, so dass nicht die Quantität, wohl aber die dem Glauben innewohnende Qualität entscheidend ist.

Die Qualität des Glaubens ist die Erkenntnis der und das Vertrauen auf die Wohltaten Christi

Entscheidend für den Glauben ist es, dass der Heilige Geist den Menschen mit Christus verbindet, damit seine Wohltaten zu den Menschen kommen. An dem, was Christus als Priester, Prophet und König erworben hat, soll der Glaubende Anteil bekommen. Das bedeutet dann:

Der Heilige Geist schenkt dem Menschen die Gewissheit, dass Jesus Christus seine Gerechtigkeit ist und er also mit Gott versöhnt ist. Das bedeutet fast ein Paradox. Einerseits ist es für die menschliche Selbsterkenntnis zentral, dass sich der Mensch als Sünder wahrnimmt – und gleichzeitig macht das Sündersein nicht die Identität des Menschen aus. Vielmehr ist die Sünde vergeben, weil Jesus Christus für ihn den Tod auf sich genommen hat; er hat den Tod als Folge der Sünde »weggestorben«. Damit ist der Mensch gerecht geworden. Diese neue Gerechtigkeit wird freilich nicht zu einem menschlichen Wesensbestandteil. In der Reformationszeit hatte der Theologe Andreas Osiander dies behauptet und aus Calvins (und nicht nur Calvins) Perspektive den Menschen vergöttlicht. Nein, so Calvin, es bleibt dabei: Es ist und bleibt Christi Gerechtigkeit, die dann zu unserer wird. Das heißt aber nicht, dass dem Menschen die Gerechtigkeit Christi nur zugerechnet wird: Das würde bedeuten, dass Gott den Menschen nur als gerechtfertigt *ansieht*, ohne dass der Mensch verändert würde. Calvin betont vielmehr: Der Mensch wird eine neue Kreatur. Dabei ist wichtig, dass der Mensch durch die Gerechtmachung gleichsam in den Bereich der Gerechtigkeit Christi hineingeholt wird: Der Heilige Geist wohnt im Menschen und zieht den Menschen zu Christus.

> Wir können also auf keine Weise zu Christus kommen, ohne daß uns der Geist Gottes zieht; werden wir von ihm gezogen, so werden wir aber auch nach Verstand und Herz weit über das erhoben, was wir aus uns selber erfassen können.[16]

Der Heilige Geist schenkt dem Menschen die Gewissheit, dass Jesus Christus Gottes wahrhaftiges Wort ist und auch, dass die Heilige Schrift recht von ihm zeugt. Dieser Gedanke war auch schon im Abschnitt über die Bibel akzentuiert worden: Aus sich heraus ist die Bibel nur menschlicher Text. Aber weil der Heilige Geist dem Menschen in Verstand und Herz kundtut, dass die Bibel nicht allein von den Schreibern berichtet, sondern von Gott selbst zeugt, entsteht bei den Hörern und Lesern der Bibel geistliche Erkenntnis. Der Heilige Geist schenkt den Glauben und also die Erkenntnis und das Vertrauen, dass die Bibel Gottes Handeln in Christus bezeugt. Auch hier rechnet Calvin mit einer Kampfessituation, dass nämlich der Unglaube gegen den Menschen anstürmen und ihn verletzen kann – aber letztlich, so Calvin, ist das Wort Gottes das Schild des Glaubens.

Methodisch beschreibt Calvin einen theologischen Erkenntniskreislauf. Der Heilige Geist schenkt das Vertrauen, dass die Bibel glaubwürdig ist. Und die Bibel bezeugt, dass Gott den Glauben durch den Heiligen Geist schenkt. Das heißt aber auch: Alle vorher genannten Aussagen setzen den hier beschriebenen Glauben voraus und sind ohne dieses Wirken des Geistes gar nicht haltbar.

Der Heilige Geist schenkt dem Menschen die Gewissheit, dass Jesus Christus regiert – in der Welt und auch im Leben der Kirche und der Einzelnen. Das gibt Trost, weil diese Herrschaft Jesu Christi ja oft gegen den Augenschein, der andere Herren in der Welt herrschen sieht, zu glauben ist. Und das gibt Trost, weil der Glaube selber oft nur sehr schwach und oft nicht mehr als ein »Tröpflein«[17] ist. Das bedeutet aber auch einen Anspruch, weil Christus ja im Leben der Glaubenden regiert und sie also in Anspruch nimmt. Hier rechnet Calvin übrigens durchaus mit einem Wachstum im Glauben: Das Schauen des Angesichts Gottes wird »uns gerade im Vorwärtsschreiten immer vertrauter«[18] – das ist der Charakter einer Beziehung. Deswegen vermittelt der Heilige Geist den Menschen nicht allein die Gewissheit ihrer Rechtfertigung, sondern ebenso auch die Zuversicht ihrer Heiligung – Rechtfertigung und Heiligung sind nicht voneinander zu trennen, weil der Heilige Geist den Menschen im Glauben in Christus einverleibt.

Der Glaube als Weg in den Himmel

Immer wieder betont Calvin, dass der Glaube nur ein »Werkzeug«[19] ist, mit dem Christus die Seinen durch den Heiligen Geist zu sich zieht. Deshalb geht es bei Calvin letztlich nicht um den Glauben als solchen; Calvin hat auch dem Glauben weniger Aufmerksamkeit als beispielsweise Luther geschenkt. Denn Calvin geht es mehr um das, was der Heilige Geist durch den Glauben bewirkt: Der Mensch wird christusförmig gemacht. Der Geist wohnt im Herzen der Menschen – eine bei Calvin fast stereotype Redeweise –, weil Christus »uns in seinen Leib eingefügt und damit nicht bloß aller seiner Güter und Gaben, sondern seiner selbst teilhaftig gemacht hat.«[20] Damit kehrt Calvin eine bis in die Gegenwart reichende Vorstellung um: Der Glaube ist nicht Bestandteil des Menschen und deswegen mit einer Überzeugung verwechselbar, über die der Mensch verfügen könnte. Vielmehr ist nach Calvin Gott das handelnde Subjekt, das den Menschen im Glauben gleichsam neu schafft. Der sündige Mensch wird im Glauben zu einer neuen Kreatur. Das geschieht, indem er durch den Heiligen Geist in das Heilshandeln Gottes hineingeholt und Teil der göttlichen Geschichte wird. Im Glauben ist der Mensch gerecht, weil Christus seine Gerechtigkeit geworden ist. Und im Glauben gilt dem Menschen, dass er dem Gesetz Christi entsprechend leben darf und soll – die Heiligung ist Gabe und Aufgabe zugleich. Damit ist die Subjektivität des Menschen keineswegs aufgehoben, wie vorschnell gemeint sein könnte. Vielmehr wird des Menschen neues und wahres Ich im Glauben geschaffen – der Mensch wird Mensch, indem er glaubt. Der Mensch entspricht seinem Menschsein, indem er Gott erkennt und vertraut. Hier, wo der Mensch Anteil an Christus selber hat, verwirklicht er auch seine Gottebenbildlichkeit. Im Glauben hebt der Heilige Geist den Menschen zu Christus empor.

Es könnte jetzt die Frage entstehen, ob Calvin mit dieser Argumentation die Menschwerdung Christi nicht überflüssig gemacht hat, wenn er doch von der Erhöhung des Menschen spricht. Das aber ist für Calvin nicht denkbar. Denn Calvin denkt von der Bundesgeschichte Gottes her. Jesus Christus ist den Weg in die Niedrigkeit und ans Kreuz gegangen und hat stellvertretend für die Sünder den Tod auf sich genommen. Aber auf Karfreitag folgte Ostern, die Auferweckung Jesu Christi. Und deshalb darf man, wenn man Calvin folgt, auch nicht stehen bleiben beim Weg in die Niedrigkeit. Das Kreuz ist – darin folgt Calvin Luther – entscheidender Ort der Rechtfertigung des Menschen. Der auferstandene und jetzt regierende Christus zieht die Menschen durch den Heiligen Geist in seine Gerechtigkeit hinein und macht sie damit – eben auch durch den Heiligen Geist – zu seinen Nachfolgern.

Diese Erhöhung des Menschen findet nun – und das betont Calvin auch immer wieder – im Glauben statt, nicht im Schauen. Der Mensch darf im Verstand und im Herz erkennen und darauf vertrauen, dass er eine neue Kreatur ist. Ja, diese Glaubenswirklichkeit ist für die Christen sogar die entscheidende und höhere Wirklichkeit. Aber in dieser Zeit und an diesem Ort ist sie nur in Ansätzen erfahrbar und manchmal sogar nicht einmal das. Und Anfechtungen bedrängen den Glauben, das Geschenk des Heiligen Geistes. Calvin aber traut dem Heiligen Geist letztlich mehr zu als aller Anfechtung und allem Zweifel. Und deshalb ist auch dem Glauben mehr zuzutrauen, als wir es oft tun – er ist ja das vornehmste Werk des Heiligen Geistes.

Kapitel X
Gottes erwählendes Handeln

Entscheidende Intention in der Erwählungslehre Calvins ist die Vergewisserung. Nicht der menschliche Glaube verbürgt das den Menschen zugedachte Heil, sondern das dem Glauben des Menschen vorausgehende Handeln Gottes: Er erwählt zum Heil und zum Dienst – Erwählung ruft in die Verantwortung. Allerdings vertritt Calvin die heute kaum mehr nachvollziehbare Lehre von der doppelten Prädestination: Zur Erwählung der einen gehört als logische Kehrseite auch die Verwerfung der anderen dazu.

Anlass zu kritischen Anfragen an die Theologie Calvins hat seit Jahrhunderten seine Auffassung von Gottes erwählendem Handeln gegeben; klassisch wird dieses unter dem Begriff »doppelte Prädestinationslehre« gefasst. Unter der »*doppelten* Prädestination« wird üblicherweise verstanden, dass Gott nicht nur positiv diejenigen erwähle, die er für die dauerhafte Gemeinschaft mit sich vorgesehen hat, sondern auch ein aktives verwerfendes Handeln Gottes gegenüber denen, die nicht zum ewigen Heil vorgesehen sind. Zeitweise galt sogar die »doppelte Prädestinationslehre« als Hauptlehre Calvins – diese Auffassung wird heute zu Recht kaum mehr vertreten.

Aber hinter den Anfragen an die doppelte Prädestinationslehre stecken in Wirklichkeit mindestens zwei verschiedene: Einmal die Frage, ob nicht der Mensch damit zu passiv gesehen werde, wenn einseitig von einer Erwählung Gottes ausgegangen werde – hier ist die ganze Diskussion um den freien Willen des Menschen zu verorten. Diese Frage betrifft grundsätzlich die Frage der Erwählung. Die andere Frage besteht darin, ob Calvin nicht mit der Betonung eines aktiven verwerfenden Handelns Gottes zu weit gegangen sei und damit ein problematisches Gottesverständnis habe.

Calvin hat sein Verständnis der ihm wichtigen Erwählungslehre mehrfach und auch ausführlich thematisiert. Dabei geht er in den verschiedenen Schriften aufgrund verschiedener Anfragen mit verschiedenen Akzentsetzungen vor. Theologisch am dichtesten und klarsten beschreibt Calvin seine Auffassung in einer erst nach seinem Tode veröffentlichten Schrift, die aber auf einen schon 1551 gehaltenen Vortrag Calvins vor den Pastoren und der Gemeindeöffentlichkeit in Genf zurückgeht.[1]

Die Erwählung geht dem Glauben voraus

Diese Aussage ist nach dem, was im letzten Kapitel als »einseitig beginnende Kommunikationshandlung des Heiligen Geistes« benannt wurde, nur noch einmal eine Betonung desselben Sachverhaltes – jetzt nur aus der Perspektive des Glaubens heraus. Nicht wir haben unseren Glauben »gemacht«, sondern er kommt her von Gott. Knapp fasst Calvin seine Grundaussage zusammen:

> Denn Gott, der das ganze Menschengeschlecht in Verfall und Verderben liegen sieht, reißt aus reiner Gnade diejenigen heraus, auf denen sein Wohlgefallen ruht, und beruft sie, indem er so handelt, auf seine Seite. Das nämlich ist das entscheidende Mittel. Bei dem allen aber hat die Erwählung den Vorrang. Sie muss vorangehen, während der Glaube, der Ordnung entsprechend, folgt.[2]

Erwählung ist also das Herausholen des Menschen aus dem Verderben auf die Seite Gottes – und deshalb kann der Glaube nicht vor der Erwählung zu stehen kommen, weil das die menschliche Verderbnis nicht ausreichend berücksichtigt. Und – das war ja der Grundzug von Gottes- und Selbsterkenntnis gewesen – eine wachsende Selbst- und Gotteserkenntnis heißt nach Calvin, sich selbst immer stärker als Sünder und Gott immer deutlicher als zuwendend und gnädig zu sehen.

Wer hier nicht mitgehen kann, wer also nicht die göttliche Erwählung als ersten und entscheidenden Schritt mitvollziehen kann, der macht sich zu optimistisch und hat also falsche

Vorstellungen über die Gottferne der Menschen. Der Mensch ist aus sich heraus gar nicht in der Lage, Gott zu wählen.

Zu fragen ist, worauf Calvin dieses erwählende Handeln gründet, wenn wir doch – eigentlich – in der Gottesferne leben. Die Antwort ist, wohl nicht überraschend, von Christus her zu sehen, denn in ihm sieht Gott uns, die »wir hassenswert«[3] sind, freundlich und in Liebe an. Dass Gott den Menschen in Jesus Christus erwählt hat, entnimmt Calvin Eph 1 – er weiß sich in dieser grundlegenden Linie auf sicherem biblischen Boden; Hauptzeugen sind für ihn paulinische und johanneische Texte.

Der Glaube, der dieser Erwählung folgt, kann also nicht als »Werk« verstanden werden, mit dem der Mensch Gott gefällt. Eine der kritischen Anfragen an Calvin hatte gelautet, ob man nicht besser vom »Vorherwissen« Gottes sprechen müsse: Gott weiß schon von Anfang an, wer glauben wird – und das sind dann die Erwählten. Aber damit, so Calvin, ist letztlich der Glaube doch wieder zu einem erlösenden Werk gemacht worden – und das würde von mangelnder Selbsterkenntnis künden. Nein, Gott ist es, der erwählt – allein. Dem Glauben selber wohnt keine miterlösende Kraft inne, seine Würdigkeit oder Qualität ist deshalb irrelevant; seine Form kann deshalb auch kein Indiz für die Erlösung sein.

Gottes Ratschluss ist undurchschaubar – und richtig

Es stellt sich als nächstes sofort die Frage, was denn der Grund ist, dass Gott anscheinend einige Menschen auswählt, nicht aber alle. Wenn der Grund nicht im Menschen liegt, also weder dessen Glaube noch dessen Handlungen Ursache dafür sind, dass sie von Gott erwählt sind, kann leicht die Anfrage entstehen, ob ein solches Auswählen Gottes nicht nur ungerecht sein könne – oder es zumindest als willkürlich zu bezeichnen sei. Calvins Antwort auf diese Frage, die ihm mehrfach entgegengehalten wurde, ist einfach: Weil es *Gottes* Ratschluss ist, wen er erwählt und wen nicht, darum ist es richtig und gut. Gleichzeitig ist dieser Ratschluss Gottes nicht verstehbar.

Halten wir es unterdessen vielmehr für völlig ausgemacht, daß Gott gute Gründe hat, zu tun, was er tut, mögen sie uns auch noch so verborgen bleiben, und daß die Dinge, die wir nicht verstehen, darum keineswegs von ungefähr geschehen.[4]

Ungerecht kann deshalb Gottes Wahl nicht sein, weil dann ein menschlicher Maßstab von dem, was als gerecht empfunden wird, auf Gott übertragen würde. Es könnte also – allein mit menschlichen Maßstäben betrachtet – als Willkür verstanden werden. Diese Maßstäbe aber gelten nicht für Gott – und deshalb kann Calvin nichts anderes sagen, weil er weiß, wer Gott ist. Gott nämlich ist ein sich den Menschen zuwendender, gnädiger Gott. Auch hier ist die Perspektive wieder entscheidend. Die Beurteilung der Ungerechtigkeit wäre letztlich nur aus einer neutralen Beobachterperspektive möglich. Weil aber das rechte christliche Bekenntnis betont: »Ich habe nichts in mir, was ihm gefallen könnte, und doch hat er mich dazu ausersehen, zu den Seinen zu gehören!«,[5] darum ist nicht das Reden von Willkür oder Ungerechtigkeit adäquat, sondern das Lob über die in Christus zu erkennende Gnade. Und deshalb ist die Wahl Gottes richtig, weil sie *Gottes* Erwählung ist. Externe Argumente hat Calvin dafür nicht. Vielmehr setzt Calvin auf das Zeugnis der Bibel und auf seine theologische Grundorientierung.

Gottes Erwählung ruft in die Verantwortung

Es bleibt aber dem neuzeitlichen Menschen vielleicht die Frage, ob damit das Subjekt-Sein des Menschen nicht ausgeschaltet wird. Wenn Gott das erwählende Subjekt ist, gerät der Mensch nicht in eine ganz passive Rolle? Und der Calvin in dieser Hinsicht folgende Heidelberger Katechismus fragt: *»Macht aber diese Lehre die Menschen nicht leichtfertig und gewissenlos?«*[6]

Die Frage lautet, ob der Mensch nicht verantwortungslos wird, ein reines Objekt, das unabhängig von seiner Lebensführung berufen wird. Und wenn man sowieso nichts tun kann für seine Berufung, besteht die Gefahr, dass ein den Geboten entsprechendes Leben gar nicht geführt wird, weil der Mensch ja keine negativen Folgen zu befürchten hat.

Diese Frage bedeutet aber nach Calvin, nicht verstanden zu haben, was denn das Ziel der Erwählung ist. Einerseits, das ist Calvin wichtig, ist es die Erwählung zur dauerhaften Gemeinschaft mit Gott, die den Tod nicht mehr als Grenze hat. Allerdings wäre es zu wenig, hier allein an eine nachtodliche ewige Existenz zu denken – vielmehr hat die Gottesgemeinschaft schon hier im Leben ihre eigene Qualität.

Denn was ist das doch für ein scharfer Widerspruch: man läßt davon ab, Gutes zu tun, weil die Erwählung zum Heil genüge – und dabei ist der Erwählung das Ziel gesetzt, daß wir uns dem Eifer um das Gute hingeben sollen!

Calvin, Institutio III,23,12.

Denn in der in Jesus Christus geschenkten Gottesgemeinschaft ist der Glaube die Lebensform, die die Heiligung nicht nur einschließt, sondern geradezu bedingt. Gott zieht die Menschen, so hatte es Calvin gesagt, in der Erwählung auf seine Seite. Und an der Seite Gottes werden die Gebote in ihrem ureigentlichen Sinn ja deutlich. Die Erwählung Gottes macht den Menschen nicht verantwortungslos, sondern ruft in die Verantwortung. Wen Gott erwählt, den erwählt er zur Bezeugung seiner Herrlichkeit, in seinen Dienst hinein. Hier ist dann auch das positive Verständnis des Gesetzes zu verorten: Die Erwählten möchten Gott gerne gehorchen und ihnen nützt das Gesetz, weil sie in ihm die Richtung des göttlichen Willens erkennen. Denn für Calvin gilt: Wen »Gott erwählt hat, den regiert er durch seinen Heiligen Geist.«[7]

Gottes Erwählung schließt die Verwerfung ein

Gott erwählt aus der gesamten Menschheit nicht alle, sondern einige. Und wenn er einige erwählt, zieht Calvin den logischen Schluss, dass es dann auch Verworfene geben muss, denn »eines zieht das andere nach sich.«[8] Und etwas weiter heißt es bei Calvin: »Gott verwirft sie, sofern sie nicht ausersehen und erwählt sind.«[9] Wenn man nur dieser Schrift von

1551 bei Calvin folgt, ist das verwerfende Handeln im Prinzip die Kehrseite der Erwählung: Wenn er einige erwählt, dann muss er eben andere auch verwerfen. Einzelne biblische Aussagen, wie etwa 1Tim 2,4, wo es heißt, dass Gott will, dass allen Menschen geholfen werde, dürfen nach Calvin nicht aus dem Gesamtzusammenhang von Gottes erwählendem Handeln herausgegriffen werden.

Ausgangspunkt für Calvin ist, dass sich der Mensch aufgrund seiner Sünde in der Gottesferne befindet – oder anders: Er ist verworfen. Ihm steht die Zukunft nicht offen. Das in Christus zu erkennende erwählende Handeln ist das Herausholen einiger aus dieser verworfenen Situation – die Gründe für die Auswahl, das ist Calvin wichtig, weiß alleine Gott in seiner den Menschen nicht zugänglichen Weisheit. Wenn Gott als der Erwählende zu glauben ist, ist dann ein Vakuum zu denken, das mit Gott nichts zu tun hat? Sind die, die nicht zu den Erwählten gehören, nicht mehr im Herrschaftsbereich Gottes? Das kann nach Calvin nicht sein, weil damit eine göttliche Ohnmacht behauptet würde. Und jetzt ist auffällig, dass Calvin in seiner hier vor allem herangezogenen Schrift »Von der göttlichen Erwählung« eine eigene Aktivität Gottes im Blick auf die Verworfenen nicht notiert. Hier ist es vielmehr die rein logische Kehrseite der Erwählung. Weil es Erwählte gibt, darum gibt es eben auch die, die nicht erwählt werden – und das sind die, die gleichsam verworfen bleiben.

In der Institutio von 1559 hingegen gibt es einige Sätze, die deutlich problematischer sind.

> Denn die, welche er zur Schmach des Lebens und zum Verderben im Tode erschaffen hat, damit sie Werkzeuge seines Zorns seien und Beispiel seiner Strenge, die beraubt er, damit sie zu ihrem Ende kommen, bald der Fähigkeit, sein Wort zu hören, bald verblendet und verstockt er sie durch die Predigt nur um so mehr.[10]

Hier ist ein aktives Handeln Gottes im Blick auf die Verworfenen deutlich – und hier geht er weiter als andernorts. An die letztgenannten Sätze sind zu Recht Fragen gestellt worden, weil sie mit der Aussage der Erkenntnis der Erwählung in Christus nicht vereinbar sind. Walter Kreck sieht hier bei

Calvin die Gefahr, dass »der Begriff eines allwissenden, allmächtigen, alles von vornherein festlegenden göttlichen Wesens die vielen anderen Äußerungen [...], nach denen Gott nur in Christus zu erkennen ist«,[11] zu überlagern droht. Und Kreck hat Recht mit seiner Wahrnehmung. Da, wo Calvin solche Sätze sagt, wird man ihm widersprechen müssen, weil er hier aus logischen Folgerungen heraus spekuliert. Aber nicht nur Logik ist bei Calvin erkennbar. Bei ihm, wie auch bei Martin Luther, der in der Schrift »De servo arbitrio« genau die gleiche Auffassung wie Calvin vertritt, ist eine exegetische Bezugnahme auf einzelne Verse aus dem 9. Kapitel des Römerbriefs vorhanden. Wir sehen heute deutlicher als die Reformatoren, dass Paulus in den Kapiteln Römer 9–11 das Verhältnis ›Kirche – Israel‹ und vor allem ›Gott – Israel‹ reflektiert und Gottes erwählendes und verwerfendes Handeln im Blick auf den spezifischen Weg Gottes mit Israel bedenkt. Die Verallgemeinerung und Übertragung auf die Verwerfung der einzelnen ist aus heutiger Sicht deshalb aus Römer 9 nicht erschließbar.

Es bleiben also Fragen an Calvins Fassung der *doppelten* Prädestination. Man wird aber sehen müssen, dass diese problematisierten Sätze die Institutio nicht bestimmen und auch Calvins Erwählungslehre nicht dominieren – es sind Aussagen, die Calvin aus der Konsistenz seines Gedankengangs heraus logisch entwickelt. Sie stehen bei Calvin auch nicht im Zentrum seiner Theologie. Dass mit den kritischen Anfragen an bestimmte Sätze die Erwählungslehre Calvins als solche nicht berührt wird, ist ebenso deutlich.

Gottes Erwählung zielt auf die Gewissheit

Zu Anfang der Argumentation hatte ich darauf hingewiesen, dass der Glaube der Erwählung folgt und nicht umgekehrt. Das ist das eigentliche Ziel der Argumentation Calvins, die nicht zuletzt seelsorglich zu verstehen ist. Denn wenn weder an der Qualität des Glaubens noch an den Werken noch am Lebenswandel abgelesen werden kann, ob ein Mensch erwählt ist, dann führt jede Frage, ob denn der Glaube, die Werke oder der Lebenswandel gut genug seien, um zu Gott zu gehören, zu selbstquälenden Zweifeln.

Calvin möchte mit seiner Lehre von der Erwählung genau das Gegenteil aussagen: Wenn wir auf Christus schauen, dann sehen wir: Er »allein ist der Brunnquell des Lebens, er ist der Anker des Heils«.[12] Und die Erwählung geschieht, indem Gott Menschen in Christus erwählt: »Christus ist also der Spiegel, in dem wir unsere Erwählung anschauen sollen und es ohne Täuschung vermögen.«[13]

Wer also Gottes Liebe und sein Heil in Christus erkennt, der darf sich als erwählt verstehen. Kein weiterer Grund muss gesucht werden, kein Selbstzweifel ist angesagt, keine weiteren selbstquälenden und zermürbenden Betrachtungen über die Würdigkeit und Stärke des Glaubens sind nötig, weil alles das den Blick auf den eigenen Glauben, auf das eigene Vertrauen, auf die eigene Erkenntnis richtet. Calvins Interesse ist vielmehr darauf gerichtet, dass es keinen im und vom Menschen erkennbaren Grund für das erwählende Handeln Gottes gibt. Denn »in sich selbst hat er diesen Vorsatz erwogen. Das müssen wir erkennen, damit er von uns verherrlicht wird, so wie es ihm zusteht.«[14]

Kapitel XI
Gottes heiligendes Handeln

In der Gemeinschaft mit Christus werden dem Menschen nicht allein die Sünden vergeben. Vielmehr werden die Glaubenden auch geheiligt. Heiligung hat dabei zwei ineinander verwobene Aspekte. Einerseits ist Gott selber das Subjekt der Heiligung, indem er im Heiligen Geist die Seinen regiert und ihnen beisteht. Und gleichzeitig ist der Mensch in die Verantwortung gerufen, heilig und somit in der Nachfolge Jesu Christi zu leben.

Für die Theologie Calvins ist es wichtig, dass das erwählende und rechtfertigende Handeln Gottes vom heiligenden Handeln Gottes begleitet wird. Mit der »Heiligung«, die Calvin oft auch »Wiedergeburt« nennt, beschreibt er das Leben des glaubenden Menschen, in dem der Heilige Geist erneuernd und beständig wirkt. Im vorherigen Kapitel war ja bereits darauf verwiesen worden, dass Gottes erwählendes Handeln den Menschen in eine Beziehung beruft, in der der Mensch seiner Berufung entsprechend leben soll: Die Erwählung hat ein Ziel. Aber nun ist Calvin nicht so zu verstehen, dass Gott erwählt und der Mensch dann handelt, sondern Gott ist in Jesus Christus durch den Heiligen Geist selber derjenige, der den Menschen in der Lebensführung und also auch im Beachten der Gebote Gottes nicht alleine lässt – er heiligt ihn. Damit ist die Frage, wer das Subjekt der Heiligung ist, nicht eindeutig zu beantworten. Einerseits ist es Gott selbst, der im Heiligen Geist heiligt. Und andererseits ist es natürlich der Mensch, der antwortet und ein Gott entsprechendes Leben zu führen versuchen soll. Beide Subjekte, Gott und Mensch, sind hier in einem spezifischen Miteinander zu sehen.

Herausforderungen

Die Herausforderungen, denen sich Calvin gegenüber sieht und angesichts derer er seine Heiligungslehre entfaltet, sind dreifacher Art.

Einmal ist es die mittelalterliche römisch-katholische Theologie. Hier wird das Tun des Gerechten als ein Mittel verstanden, mit dem der Mensch sich Verdienste vor Gott erwerben kann. Aus der Sicht Calvins und der ganzen Reformation ist das aber der den Menschen und Gott nicht ausreichend gerecht nehmende Versuch, durch menschliche Werke die Beziehung zwischen Gott und Mensch zu verbessern. Dieses Verständnis wird Gott nämlich nicht gerecht, weil es zu gering von der Gnade denkt, die keine Aufbesserung von Seiten des Menschen benötigt. Aber es wird auch dem Menschen nicht gerecht, dessen Sünde verharmlost und dessen Handeln als Mittel zum Zweck missbraucht wird.

Die zweite Herausforderung sind die sog. Libertiner, deren Auffassungen nur aus der Gegenschrift Calvins erschlossen werden können.[1] Deren ethische Grundhaltung besteht im Fehlen einer Ethik. Sie gehen nämlich davon aus, dass Gott in den wahren Christen wohne und von ihnen gleichsam Besitz ergriffen hätte. Die Folge ist, dass Gebote darum natürlich keinen Wert haben, weil die Christen ja immer vom allgegenwärtigen Geist Gottes geleitet würden. Hier sieht Calvin das Problem, dass das Verständnis der Fürsorge Gottes in einen Determinismus abgleitet, nach dem Gott die alles bestimmende und alles wirkende Realität ist und der Mensch für nichts mehr verantwortlich sei. Das aber sei mit dem biblischen Verständnis nicht vereinbar, denn Gott habe ja die Gesetze gegeben, damit der Mensch sie befolge. Außerdem werde Gott so zum Götzen gemacht, denn wenn er alles bewirke, wäre er ja auch für die Sünde und anderes verantwortlich – Gott aber ist der Gute und das Gute Bewirkende.

Die dritte Herausforderung ist das Gesetzesverständnis Martin Luthers. Obwohl Calvin Luther in vielem sehr nahe steht und ebenso wie Luther die Rechtfertigungslehre für das wichtigste Lehrstück der Theologie hält (auch wenn sie bei Calvin nicht so dominant wie bei Luther ist), kann er Luther doch dahingehend nicht folgen, dass das göttliche Gebot im Alten und im Neuen Testament gleichsam abgeschafft sei und der Glaube die guten Werke aus sich selbst hervorbringe. Calvin sieht bei Luther zu wenig Aufmerksamkeit auf die Heiligung und die Lebensführung gerichtet – und das auch wieder aus zwei Gründen. Einmal beschneidet das Gott, weil seine Gebote nicht ernst genommen würden. Und zweitens beschneidet das den Menschen, weil zu wenig damit gerechnet wird, dass auch er im Vertrauen wachsen könne.

Diese drei Herausforderungen stellen Calvin vor eine theologisch komplexe Aufgabe: Einerseits will er das menschliche Leben theologisch würdigen, ohne in Werkgerechtigkeit zu verfallen. Andererseits will er die Verantwortung des Menschen auch nicht preisgeben. Und schließlich ist Gott auch im Handeln des Menschen als Handelnder im Heiligen Geist präsent, ohne dass Calvin Gott als deterministisch versteht.

Gemeinschaft mit Christus

Die entscheidende Begrifflichkeit und Vorstellung, die Calvin zur Verdeutlichung dieses Sachverhaltes immer wieder verwendet, ist die Gemeinschaft, die wir mit Christus haben, weil er sie uns schenkt. Das ist schon beim Glauben der Fall: Christus schenkt im Heiligen Geist den Glauben an ihn – und auf diesem »Kanal« schenkt er sich selbst den Glaubenden. Dieser »ersten« Gemeinschaft mit Christus stellt Calvin eine »zweite« an die Seite:

> Denn nachdem Christus uns durch das innerliche Wirken des Geistes mit sich verbunden und in seinen Leib aufgenommen hat, macht er noch eine zweite Wirkung des Geistes offenbar, indem er uns reich macht an Geistesgaben. Daß wir also stark sind im Hoffen und Dulden, daß wir nüchtern und mäßig uns der weltlichen Lüste enthalten, daß wir uns eifrig mühen, die Leidenschaften des Fleisches zu bändigen, daß das Streben nach Gerechtigkeit und Frömmigkeit kräftig in uns lebt, daß wir eifrig sind zum Gebet, daß uns der Gedanke ans ewige Leben aufwärtszieht, das fließt, sage ich, aus dieser zweiten Gemeinschaft, indem Christus, um nicht müßig in uns zu wohnen, die Kraft seines Geistes in deutlichen Gaben zeigt.[2]

Was Heiligung heißt, kann also nur innerhalb der Gemeinschaft mit Christus verstanden werden und hat auch darin seinen Urgrund. Denn in dem Hinweis, dass Christus seinen Geist sendet, ist nicht nur eine Urheberadresse gemeint – vielmehr teilt Christus etwas von dem Geist, der ihn ausmacht, mit. »Ihr sollt heilig sein, denn der Herr, euer Gott ist heilig«[3] ist deshalb eine von Calvin häufiger zitierte biblische Aussage, die auf die inhaltliche Ausgestaltung der Heiligkeit abzielt: Der Maßstab für das Handeln und Leben der Christen ist Gott, ist Christus. Was ist heilig? Heilig ist das, was von Gott selbst auszusagen ist. Heilig ist Gottes Sein – und Gottes Handeln. Deshalb kann Calvin auch summierend von Christus sagen, dass »er die Frucht seiner Selbst-Heiligung den anderen zuteil werden«[4] lässt. Heiligung heißt also, dass der Mensch sich in der Nachfolge Christi befindet und in ihm die Orientierung für sie gewinnt.

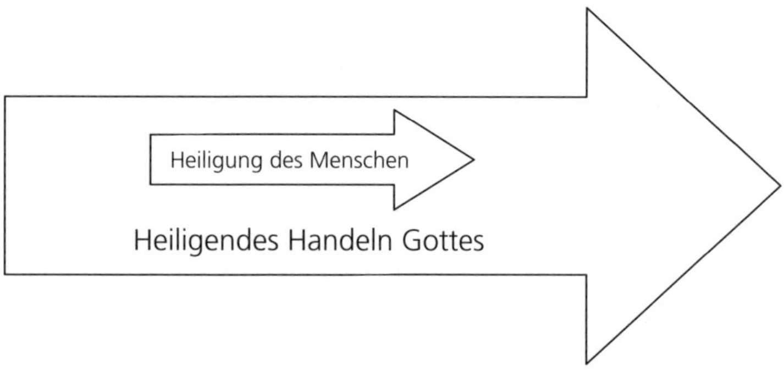

In diesen Zusammenhang gehört auch Calvins Verständnis des Menschen als Ebenbild Gottes hinein. Wie alle Reformatoren geht Calvin davon aus, dass der Mensch durch die Sünde seine Ebenbildlichkeit verloren oder zumindest verdunkelt hat.[5] Christus aber ist das vollkommene Ebenbild, und in seinem rechtfertigenden, erwählenden und heiligenden Handeln nimmt er die Seinen mit hinein in diese Gottebenbildlichkeit. Deshalb ist einerseits zu sagen, dass wir Menschen erst nach der Wiederkunft Jesu Christi ganz in die Ebenbildlichkeit verwandelt, jetzt aber schon danach gestaltet werden. Denn so »wie Gott, unser Vater, sich in seinem Christus selber mit uns versöhnt hat, so hat er uns auch in ihm das Ebenbild vorgezeichnet, nach dem wir nach seinem Willen gestaltet werden sollen.«[6] Hier wird deutlich, wie Schöpfung und Erlösung zusammengehören. Denn durch den Gehorsam Jesu Christi bis ans Kreuz werden wir hineingenommen in unsere eigentliche schöpfungsgemäße Bestimmung. Der Glaube als Annahme und Erkenntnis der Versöhnung bzw. Rechtfertigung ist deshalb ein sachlich der Heiligung vorangehendes Handeln Gottes und zugleich nicht von dieser trennbar. Christus schenkt uns Gemeinschaft mit ihm, verbindet uns mit sich, indem er uns in seinem Heiligen Geist den Glauben schenkt und uns heiligt.

Aspekte der Heiligung

Es ist jetzt zu fragen, worin denn konkret die Heiligung nach Calvin besteht. Ohne Anspruch auf Vollständigkeit nenne ich einmal fünf Aspekte:

1. Im Blick auf die Selbsterkenntnis bewirkt die Heiligung im täglichen Leben Sündenerkenntnis und den »Haß gegen die Sünde«.[7] Das aber ist nicht eine einmalige Handlung, die ein Christenmensch je hinter sich lassen könnte – Calvin geht hier also nicht von einem methodischen Nacheinander aus, wie das zuweilen im Pietismus gedacht wurde. Vielmehr ist diese Abneigung gegen die Sünde und folglich gegen die Entfremdung von Gott ein ständiges Geschehen, in dem sich der Christenmensch zu üben hat. Calvin kann sogar den in der Heiligung am weitesten vorangekommen benennen, »der es am besten gelernt hat, sich selbst zu mißfallen«.[8] Wichtig ist, dass dieses Selbst-Missfallen und andere Formulierungen wie z.B. Selbstverleugnung nicht moralisch misszuverstehen sind. Sünde ist eine Relationsstörung. Und der in der Heiligung fortschreitende Mensch erkennt mehr und mehr, dass er mit leeren Händen vor Gott steht, nichts mitzubringen hat, ja Gott keine Ehre macht und gibt. Es hat in der Geschichte der Christenheit allerdings Tendenzen gegeben, nur von der Sündigkeit des Menschen allein zu reden. Calvin weiß um die Ge-

fahr, weshalb er nie isoliert von der Sündenerkenntnis spricht. Vielmehr gibt es eine Voraussetzung: »Denn es hat nie ein Mensch die Sünde gehasst, ohne daß ihn zuvor die Liebe zur Gerechtigkeit erfaßt hätte.«[9] Der ganz am Anfang im Blick auf das Verhältnis von Gottes- und Selbsterkenntnis benannte Kreislauf ist hier wiederum zu erkennen.

2. Von Natur aus, so Calvin, sind wir keineswegs von der Liebe zur Gerechtigkeit durchdrungen. Aber gerade darum geht es in der Heiligung: Dass wir unser Leben nach der Gerechtigkeit Gottes ausrichten. Die Erwählung des Menschen ist dahingehend funktional zu verstehen, dass sie abzielt auf den Gehorsam des Menschen, also auf das Hören des Menschen auf Gottes Willen. Und deshalb ist das Gesetz, weil wir in ihm Gottes Willen finden, in seiner zu erfüllenden Dimension genau dahin ausgerichtet. Auch wenn das Gesetz, wie Calvin in Übereinstimmung mit allen Reformatoren lehrt, nicht die Funktion hat, die Menschen zu verurteilen – sie sind ja freigesprochen –, so »hört es deshalb nicht auf, sie zu lehren, zu ermahnen und zum Guten zu reizen« und »zu eifrigem Ringen um Heiligung«[10] anzuspornen. Das Gesetz hilft also bei der Heiligung. Das ist für Calvin kein Randthema, weil das christliche Leben ja gerade darin besteht, Gott gerne zu entsprechen, der Gehorsam deshalb auch nicht als Fremdherrschaft zu verstehen ist, sondern als das Zu-sich-selbst-Kommen des Menschen. Indem der Mensch gerne auf Gottes Gebote achtet, lebt er in Übereinstimmung mit Gottes Willen.

Eine Frage, die sofort entsteht, wenn dieses Gesetzesverständnis reflektiert wird, ist die, welche Gebote wann und für wen gelten. Hier ist nach Calvin die evangelische Freiheit zu sehen. Einerseits kann und darf kein Zwang ausgeübt werden, weil die Gesetze nur Hilfe sind und kein Selbstzweck. Andererseits kann diese Freiheit auch von Menschen missbraucht werden, weil man durch den »unzeitigen Gebrauch der Freiheit«[11] diese missbraucht, indem beispielsweise »auf die Schwachheit der Brüder gar keine Rücksicht genommen«[12] wird. Calvin lehrt hier fast so etwas wie eine Situationsethik, weil in jedem Einzelfall neu überlegt und gefragt werden muss, wie welches Gebot anzuwenden ist.

3. Diese nie objektiv zu beurteilende Erkenntnis des rechten Gebotes und die eigene Selbsterkenntnis als von Gott entfremdet lebender Mensch führen Calvin dazu, immer nur von der Unvollkommenheit der christlichen Lebensführung zu sprechen. Die »meisten leiden unter solcher Schwachheit, dass sie nur wankend und hinkend, ja auf dem Boden kriechend, bescheiden vorankommen.«[13] Deshalb ist es auch so wichtig, dass die Heiligung kein moralischer Appell an den Menschen ist, sich zu befleißigen, die Gebote zu befolgen – das überfordert jeden und jede und führt möglicherweise auch zu unbarmherziger Wahrnehmung der Mitmenschen. Wir sind auf die Hilfe Gottes angewiesen – und das gilt insbesondere beim Befolgen der Gebote. Calvin traut es Gottes Geist zu, »daß unser Herz so gestaltet wird, daß es dem Gesetz Gehorsam leistet. Unser Wille soll also darin sein vornehmstes Ziel haben, seinem Willen zu dienen und seinen Ruhm auf alle Weise zu fördern.«[14] Durchgehend ist also auch hier in doppelter Weise vom Subjekt der Heiligung zu reden. Einerseits ist es der Mensch, der die Gebote zu befolgen und sich im Gehorsam zu üben hat. Und andererseits ist der Mensch dabei auf die Hilfe Gottes angewiesen, weil des Menschen Herz aus sich heraus nicht zur Liebe der Gerechtigkeit fähig ist. Beides zu wissen gibt »allen Grund zur Demut […], damit wir uns nicht selbst vergessen und unser Herz aufblähen!«[15]

4. Die Erkenntnis des den Menschen auch in seinem Gesetz zugewandten Gottes führt zur Erkenntnis der eigenen Gottesentfremdung insbesondere im Blick auf den eigenen Gehorsam und das wiederum zu einer wachsenden Erwartung an Gott, dem Menschen beizustehen. Dieser Kreislauf ist als Voraussetzung wichtig, um sich dem missverständlichen »syllogismus practicus« zu nähern. Calvin kann nämlich davon sprechen, dass die Heiligen »an den Früchten ihrer Berufung merken, daß sie von dem Herrn an Kindes Statt angenommen sind.«[16] Gefährlich ist an dieser Ausdrucksweise, dass ein Rückschluss (syllogismus) von der Lebensführung auf die Erwählung stattfinden kann, dass es also am Handeln und vielleicht sogar am Erfolg ablesbar ist, ob jemand von Gott erwählt ist. Mit Bezug hierauf hat der Soziologe Max Weber seine umstrittene und auf Calvin selber wohl nicht zutref-

fende Calvinismus-Kapitalismus-These begründet: Um die Erwählung am Erfolg ablesen zu können, hätten die Calvinisten alles daran gesetzt, wirtschaftlich erfolgreich zu sein. Missverständlich und problematisch ist also die Ausdrucksweise bei Calvin allemal. Freilich ist die Absicht Calvins, wenn der Gesamtzusammenhang betrachtet wird, auch deutlich: Wenn es Früchte gibt, wenn es also gelingenden Gehorsam gibt, dann darf der Christ, der weiß, dass Gott selber im Heiligen Geist handelt, darauf vertrauen, dass Gott es war, der hier gewirkt hat – und sich daran freuen. Calvin selber hat die Missverständlichkeit seiner Aussagen aber durchaus bemerkt und deshalb davor gewarnt, die Werke zu überschätzen oder sie zur Grundlage der menschlichen Gerechtigkeit zu machen. Ob diese Mahnung Calvins ausreicht, die Problematik der Aussage zu vermeiden, muss aber wohl bezweifelt werden.

5. Gottes heiligendes Handeln hat als Subjekt den Menschen und Gott selber im Blick. Das wird nirgends deutlicher als im Gebet, das von Menschen gesprochen wird, aber Gottes Handeln im Fokus hat. Die Heiligung gipfelt darum im Gebet.

> All unsere Hoffnung und all unser Reichtum liegt in Gott […] und deshalb kann es weder uns, noch allem, was wir haben, gut gehen, ohne allein durch seinen Segen: ihm müssen wir also auch uns und alles, was wir haben, beständig ans Herz legen.[17]

Wenn der Mensch Gott um sein heiligendes Handeln bittet, dann hat das Konsequenzen, weil nach Calvin »Gottes Wohltaten […] zugleich natürlicherweise unsere Liebe«[18] erwirken. Im Gebet stimmt der Mensch in Gottes Wohltaten ein und bittet darum, dass Gott seinen Weg heilige – hier kommt beides zusammen. Dabei ist aber nicht der Wortlaut oder eine besondere Form der Gebete ausschlaggebend, weil sie der Reinigung durch die Fürbitte Christi bedürfen.

Deshalb kann Calvin auch von einer doppelten Rechtfertigung sprechen, die die Heiligung umgreift. Einerseits rechtfertigt Christus die Seinen, indem er ihnen die Sünden vergibt. Aber auch die Werke der Christen sind nicht rein und bedürfen ihrerseits der Rechtfertigung, um von Gott gut gemacht zu werden. Weil das aber geschieht, weil Christus auch die Werke der Seinen gnädig ansieht und gut macht, was wir Christen auch im Prozess der Heiligung nicht gut machen können, kann Calvin getrost und ohne Gefahr so positiv von der Heiligung und also vom Befolgen der Gebote sprechen. Es ist ja Gott selber, der heiligt.

Kapitel XII
Die von Gott erwählte und zu gestaltende Kirche

Die Kirche ist von Gott erwählt – und deshalb zunächst zu glauben und nicht zu sehen. Aber als geglaubte Kirche ist sie auch die zu gestaltende Kirche, weil sie als Leib Christi ihrem Herrn zu entsprechen hat – und weil sie die Aufgabe hat, die Gemeinschaft mit Christus zu leben. Deshalb gibt sie sich Ordnungen, die aber an die jeweiligen Erfordernisse anzupassen sind. In allen auf dem Weg zu erwartenden Anfechtungen darf sie auf den Schutz Gottes hoffen.

Die Institutio ist in vier Abschnitte eingeteilt – und der mit Abstand längste, der vierte, ist dem Thema Kirche gewidmet. Das ist schon ein Hinweis darauf, dass Calvin – deutlich mehr als den anderen großen Reformatoren – die Gestaltwerdung des Leibes Christi äußerst wichtig war. Auch wenn die meisten diffamierenden Vorstellungen von Kirchenzucht, mit denen Calvin in Genf despotisch geherrscht haben soll, mittlerweile als überholt gelten, so ist immerhin das richtig: Auch die Aufmerksamkeit für die sichtbare Gestalt der Kirche gehört für Calvin zum Kirche-Sein unbedingt dazu. Dabei ist die Kirche für Calvin nie ein Selbstzweck. Sie ist vielmehr von Gott erwählt, um als Werkzeug Gottes den Menschen die Gemeinschaft mit Christus zu ermöglichen und diese zu verwirklichen. Alle kirchlichen Handlungsfelder – inklusive der Ämter, der Kirchenordnung und auch der Sakramente – sind davon geprägt.

Die Kirche ist von Gott erwählt

Erste und entscheidende Aussage über die Kirche bei Calvin ist, dass sie von Gott *erwählt* ist. Deshalb beginnt Calvin beim Nachdenken über die Kirche auch nicht bei empirischen Beschreibungen des Kirche-Seins, auch wenn ihm die äußere Gestalt der Kirche wichtig ist, ja er sein weiteres Hauptaugenmerk darauf richtet. Denn die Erwählung hat ein Ziel: Gott erwählt die Kirche, um sie zu gebrauchen. Die Kirche hat die Aufgabe, die Auserwählten zu sammeln, zu stärken, zu lehren und zu ordnen, damit die Gemeinschaft mit Christus wächst.

Deshalb betont Calvin, dass es auf gar keinen Fall darum gehen kann, *an die Kirche* zu glauben.

> Denn wenn wir sagen: »Ich glaube an Gott«, so geben wir solch Zeugnis darum, weil unser Herz sich auf ihn als den Wahrhaftigen stützt und weil sich unsere Zuversicht auf ihn verlässt. Das würde aber auf die Kirche nicht in gleicher Weise zutreffen.[1]

Vielmehr liegt Calvin daran, *die Kirche* zu glauben. Und wie geschieht das? Indem wir »fest überzeugt sind, ihre Glieder zu sein«.[2] Es besteht also ein Zusammenhang zwischen dem Erkennen und dem Sein der Kirche. Wir können die Kirche nur glauben, wenn wir uns als Glieder eben dieser Kirche wahrnehmen – und damit wird die Kirche als aus den Gliedern der Kirche bestehend erkannt. Calvin verbindet mit diesen Akzenten zwei unterschiedliche Betrachtungsweisen der Kirche: Einerseits ist sie eine Tat Gottes und wird deshalb nicht von den Glaubenden hergestellt – sie ist eine Institution Gottes. Andererseits aber besteht die Kirche aus der Gemeinschaft der Heiligen und ist keine unabhängig von den Glaubenden zu fassende Institution.

Sichtbare und unsichtbare Kirche

Wenn Calvin so von der göttlichen Erwählung der Kirche spricht, könnte vermutet werden, dass er seinen Hauptakzent auf die auf Augustin zurückgehende Redeweise von unsichtbarer und sichtbarer Kirche legt. Aber das sind bei Calvin eher

Grenzbegriffe: Die unsichtbare Kirche verweist darauf, dass alleine Gott weiß, wer dazu gehört. Die Gemeinschaft der Heiligen umfasst alle Erwählten einschließlich der bereits Verstorbenen; deshalb muss Gott allein die Erkenntnis seiner Kirche überlassen werden, »deren Fundament ja seine verborgene Erwählung ist.«[3] Zur Kirche gehört nach Calvin übrigens bereits das Geschlecht des erwählten Abraham und damit das jüdische Volk. Die Dimension der Sichtbarkeit verweist darauf, dass nicht nur Glaubende, sondern auch Heuchler und andere Glieder zur Kirche gehören, die ihren Glauben bekennen, getauft sind, am Abendmahl teilnehmen und die Gottesdienste besuchen. Beiden Aspekten der einen Kirche ist gemeinsam, dass sie das »Kirche glauben« nötig machen: Unsichtbarkeit, weil die Erwählung nicht zu sehen ist, Sichtbarkeit, weil die Kirche trotz ihrer Durchmischung erwählt ist. In den früheren Ausgaben der Institutio hat Calvin die »unsichtbare« Seite der Kirche stärker betont als in der letzten Ausgabe von 1559. Sachlich ergibt sich aber kein Dissens, sondern nur eine Verschiebung hin zur stärkeren Akzentuierung der Gestaltwerdung der Kirche. Denn die Sichtbarkeit hat bei Calvin nur zu einem kleinen Teil die Aufgabe, auch die Anwesenheit von Nicht-Erwählten zu thematisieren. Vielmehr liegt der Schwerpunkt in der theologischen Behandlung der sichtbaren Kirche bei Calvin darauf, dass sie eine dem Evangelium von Jesus Christus entsprechende Gestalt gewinnen soll, um der Erwählung zum Dienst gut entsprechen zu können. In dieser Tätigkeit darf und soll die Kirche erwarten und hoffen, dass die Dynamik des Heiligen Geistes sie leitet und lenkt. Die Kirche wird so als vom Heiligen Geist zu leitender *Organismus* verstanden. Erwählung und Gestaltwerdung der Kirche dürfen deshalb nicht voneinander getrennt, müssen aber wohl unterschieden werden.

Die Leib Christi und seine Einheit

Jesus Christus ist das Haupt der Kirche und von seinem Leib nicht zu trennen. Und wenn Calvin in seiner Lehre vom dreifachen Amt Jesu Christi das Werk und die Person Jesu Christi verbindet, so ist Jesus Christus nicht für sich alleine Prophet, Priester und König, sondern sein Leib hat daran teil, denn:

Christus empfing diese Salbung nicht für sich allein, damit er recht das Amt des Lehrers ausüben könnte, sondern für seinen ganzen Leib, damit in der immerwährenden Verkündigung des Evangeliums die Kraft des Geistes sich entsprechend auswirke.[4]

Entsprechendes gilt für das Königs- und das Priesteramt: Der Leib Jesu Christi hat Gemeinschaft mit Christus und also Anteil an ihm. Diesem Zuspruch ist der Anspruch an die Seite zu stellen: Bei Christus als dem Haupt des Leibes ist »die Vollkommenheit der Gnade wie auch die höchste Regierungsgewalt«.[5] Christus allein hat die Kirche zu dienen, ihm allein hat sie zu gehorchen und zu entsprechen. Für Calvin steht dies in Spannung zur Existenz eines einzigen menschlichen Oberhauptes der Kirche – er lehnt das Papstamt daher vehement ab.

Die Kirche ist der Leib Christi – Calvin spricht von der Kirche deshalb immer im Singular. »Deshalb heißt die Kirche ›katholisch‹ oder allgemein; denn man könnte nicht zwei oder drei ›Kirchen‹ finden, ohne daß damit Christus in Stücke gerissen würde – und das kann doch nicht geschehen!«[6] Diese Einheit jedoch ist geglaubte Wirklichkeit und gegen den Augenschein von der empirischen Kirche zu sagen, die diese Einheit nicht zum Ausdruck bringt. Gleichzeitig begnügt sich Calvin nicht damit, die Einheit nur der nicht sichtbaren Kirche zuzuschreiben – deshalb ist die Einheit auch als Aufgabe zu sehen: Die Glieder sollen in Einigkeit zusammen leben, ein Herz und eine Seele sein und eine gemeinsame Hoffnung haben. Die sichtbare Kirche hat die Aufgabe, der geglaubten zu entsprechen – und dazu gehört ganz wesentlich auch die Einheit der Christen.

Von daher ist Calvin auch als ein Urheber der presbyterial-synodalen Ordnung zu verstehen: Hier wird die Eigenständigkeit einer einzelnen Gemeinde wie die synodale Zuordnung beschrieben – Einheit ist zu suchen, weil sie vorausgesetzt ist. Diese ökumenische Erkenntnis führt Calvin auch dazu, der römisch-katholischen Kirche nicht einfach abzusprechen, dass sie Kirche sei. Er nennt sie »falsche Kirche«,[7] weil er mit ihr »über die wahre und rechtmäßige Gestaltung der Kirche«[8] streitet: Er wirft ihr vor, dass sie nicht auf das Wort Gottes hört, weil sie es an die Kirche bindet anstatt umgekehrt; das habe zur Folge, dass ihre kirchlichen Ämter sich göttliche Autorität anmaßten. Das alles führt dazu, dass Calvin Mühe hat, die römisch-katholische Kirche als Kirche anzuerkennen, er versteht sie als »halbeingestürztes Bauwerk«,[9] das aber dennoch Gottes Treue nicht auslöschen konnte.

Die Einheit der Kirche wird geglaubt und deshalb vorausgesetzt, und sie ist die Aufgabe, der die Kirche insgesamt zu entsprechen hat – im Großen wie im Kleinen. Dabei ist die Einheit des Leibes Christi keine rein formale Einheit, sondern verlangt nach Konkretion.

Die Zugehörigkeit zur Kirche

Wer kann erkennen, was und wo Kirche ist? Calvin betont: Zunächst Gott selber und er allein. Das betont die so genannte »unsichtbare« Dimension der Kirche, weil die Erwählung nicht mit natürlichen Augen sichtbar ist. Und deswegen ist es auch Gott alleine vorbehalten, in der Schar der Christen die wahrhaft Glaubenden zu sehen. Calvin betont, dass alle menschlichen Maßstäbe dabei nicht tauglich sind, hier Grenzen zu ziehen, weil einerseits hoffnungslose Fälle durch seine Güte auf den rechten Weg zurückgerufen werden, und andererseits gilt, dass die oft zu Fall kommen, »die mehr als andere festzustehen schienen!«[10]

Da also die göttliche Wahrnehmung den Menschen (glücklicherweise) nicht zur Verfügung steht, ist zu fragen, wer dann zur (sichtbaren) Kirche zu zählen ist? Die Antwort ist ganz knapp: Wir sollen »die Menschen als Glieder der Kirchen erkennen, die durch das Bekenntnis des Glaubens, durch das Beispiel ihres Lebens und die Teilnahme an den Sakramenten mit uns den gleichen Gott und Christus bekennen.«[11]

Wer letztlich also von Gott erwählt ist, ist von den Menschen nicht zu erkennen. Aber wer sich mit Bekenntnis und Teilnahme an Gottesdiensten und Sakramenten zur sichtbaren Kirche hält, soll als Erwählter angesehen werden.

Die Merkmale der Kirche

Es gibt nach Calvin nur eine einzige Kirche. Das heißt aber nicht, dass nur die ganze Kirche Kirche ist, sondern vielmehr ist gerade in der partikularen, sich versammelnden Kirche Kirche im Vollsinn da. Denn – und hier greift Calvin die bekannte Formulierung aus Artikel VII des Augsburger Bekenntnisses auf – die Predigt des Wortes und die Verwaltung der Sakramente sind die Merkmale der Kirche. Wo diese rein geübt werden, ist Kirche da, auch wenn sie sonst an vielen Gebrechen leidet. Deswegen warnt Calvin davor, die Einigkeit der Kirche leichtfertig aufs Spiel zu setzen, weil unterschiedliche Erkenntnisse die Kirche nicht zerreißen dürfen, denn niemand ist »nicht von irgendeinem Nebel der Unwissenheit umhüllt«.[12]

Indem Calvin Predigt und Sakrament als ausreichende Kennzeichen der Kirche bestimmt, wird deutlich, dass er seine Erkenntnis der Kirche aufgrund seiner Wahrnehmung von zwei falschen Verständnissen der Kirche entwirft. Er richtet sich einerseits gegen die Meinung der römisch-katholischen Kirche, nur die Universalkirche sei Kirche im eigentlichen Sinn, die einzelnen Gemeinden vor Ort seien nur Filialen. Nein – so Calvin – die um Wort und Sakrament versammelte Gemeinde ist wirkliche Kirche, weil sie dort Gestalt gewinnt. Gleichzeitig aber ist gegen die aus Calvins Sicht falsche Vollkommenheit einer Kirche zu argumentieren, die er bei den so genannten Schwärmern wahrnimmt. Eine falsche Vollkommenheitsforderung ist eher als Hochmut denn als evangeliumsgemäß zu charakterisieren: »sie wollen durch die Verachtung aller prahlend zeigen, daß sie besser sind als die anderen.«[13]

Indem Calvin Predigt und Sakrament als die Merkmale der Kirche benennt, ist diese aber nicht auf die Betonung dieser beiden Kennzeichen beschränkt. Die Merkmale sind zwar ausreichend, um eine Gemeinschaft als Kirche anzusehen, um gleichsam das »dass« der Kirche zu beschreiben. Denn weil Gott die Sakramente eingesetzt hat, können Wort und Sakrament nicht »bestehen, ohne Frucht zu bringen und durch Gottes Segen gedeihlich zu sein.«[14] Aber damit ist das Leben der Kirche noch nicht ausreichend beschrieben, denn es will gestaltet werden. Dazu gehören die verschiedenen kirchlichen Ordnungen und natürlich auch die verschiedenen Dienste bzw. Ämter.

Die Ordnungen in der Gemeinde

Entscheidend bei allen kirchlichen Ordnungen ist, dass Gott allein in der Kirche regiert und dass die verschiedenen Tätigkeiten in der Kirche als Werkzeuge Gottes anzusehen sind. Darin sieht Calvin erstens eine Auszeichnung des Menschen, weil sie von Gott genutzt werden, zweitens eine Demutsübung, weil die Tätigkeit nur im Gehorsam gegen das Wort Gottes geschieht und drittens ein Weg zur Einübung von Gemeinschaft der Christen untereinander, weil ja verschiedene Tätigkeiten die Gemeinde charakterisieren und auszeichnen.

Als wichtigste und herausgehobene Ordnung in der Kirche ist bei Calvin der gegliederte Dienst zu verstehen – die deutsche Übersetzung »Amt« setzt bereits einen problematischen Akzent. Vor allem aus Eph 4 entnimmt Calvin, dass es verschiedene Dienste in der Gemeinde gibt. Einige dort beschriebene Dienste hält Calvin für zeitlich befristet (Propheten, Apostel), andere hingegen für dauerhaft gegeben: Pastoren, Lehrer, Älteste und Diakone. Der für Calvin herauszuhebende Dienst ist der Predigtdienst, weil er in besonderer Weise verdeutlicht, dass Gott die Kirche durch sein Wort regiert. Aber wichtiger als das Herausheben – auch die Pastoren sind nur »Organe des Heiligen Geistes«[15] – ist für Calvin das Zusammenklingen der verschiedenen Dienste, »so wie in der Musik mannigfaltige Töne eine süße Melodie zustande bringen.«[16]

Die Pastoren haben die Aufgabe der Evangeliumspredigt und der Sakramentsverwaltung; sie sind an eine bestimmte Gemeinde gebunden. Die Lehrer sollen allein die Heilige Schrift auslegen. Die Ältesten leiten zusammen mit den Pastoren und Lehrern die Gemeinde, und die Diakone sollen die Fürsorge für die Armen in den Mittelpunkt stellen. Dieser gegliederte Dienst ist in der Genfer Kirchenordnung als vierfach gekennzeichnet, in der Institutio von 1559 zieht Calvin den Dienst des Pastoren und des Lehrers zusammen, so dass sich ein dreifacher Dienst ergibt: Entscheidend ist der *gegliederte* Dienst. Und neben die für Calvin feststehenden Dienste können auch andere treten. Denn alle Dienste stehen nicht für sich selber, sondern sind funktional zu verstehen, sie dienen der Gemeinde Jesu Christi; deswegen ist es auch nötig, dass eine Berufung seitens der Gemeinde in einen solchen Dienst stattfindet. Calvin ist sogar nicht abgeneigt, die der Berufung folgende Ordination als Sakrament zu verstehen.

Die Kirchenordnungen, die die Ordination und vieles Weiteres (z.B. Berufungsverfahren, Dienstordnung) regeln, sind wesentlicher Bestandteil der Lehre von der Kirche, weil hier die geordnete Gestalt der Kirche beschrieben wird. Für alle Kirchenordnung gilt, dass sie der »Erbauung der Gemeinde«[17] nutzen soll. Die Kirche ist ja eine Gemeinschaft. Ordnungen dürfen die Gewissen nicht binden, sie dürfen nicht als heilsnotwendig verstanden werden und nicht der Verehrung Gottes selber dienen.[18] Auch sind alle kirchlichen Ordnungen veränderbar oder können sogar abgeschafft werden, wenn es die Zeitumstände erfordern – auch ein Hinweis auf die Dynamik in Calvins Verständnis der Kirche.

Auch die Gottesdienstordnung gehört zum Verständnis der Kirche dazu. Im Gottesdienst feiert die Gemeinde, und deshalb soll der Gottesdienst nach dem Wort Gottes gestaltet werden. Den gottesdienstlichen Gesang hat Calvin übrigens nicht abgeschafft, vielmehr ist der Psalmengesang von Calvin als Bereicherung des liedlosen Genfer Gottesdienstes eingeführt worden – ein auch heute noch wirkungsgeschichtlich nicht hoch genug einzuschätzendes Band der Einheit zwischen den verschiedenen reformierten Kirchen weltweit.

Kämpfende und geborgene Kirche

Nicht nur aufgrund seiner eigenen Erfahrung, sondern viel mehr noch grundsätzlicher akzentuiert Calvin, dass die Kirche in der Welt angegriffen und von Feinden bedrängt wird.

Das 1660 entstandene, auf dem Portal der Großen Kirche in Emden zu findende Relief mit dem Titel »Schepken (Schiffchen) Christi« ist als Erinnerung an die Vertreibung der reformierten Christen aus Holland, Brabant, Frankreich und England entstanden. Der umlaufende Titel lautet übersetzt: »Gottes Kirche, verfolgt, vertrieben, hat Gott hier Trost gegeben«.

Diese von innen und von außen stattfindenden Angriffe gelten letztlich Christus selbst. Aber ebenso wie seine Gnade nicht zunichte gemacht werden kann und damit die in Kreuz und Auferstehung geschehene Versöhnung gültig und wirksam bleibt, so kann auch der Leib Christi zwar bedroht und angefochten werden, aber letztlich nicht untergehen: »Die unter dem Kreuz kämpfende Kirche wird dennoch siegen, teils in Hoffnung, teils mit gegenwärtigem Erfolg.«[19] Das verweist auf die doppelte Verortung der Kirche. Einerseits ist die sichtbare Kirche nur eine Übergangsinstitution, in der Gott die Menschen bis zur Wiederkunft Christi einlädt und erhält. Andererseits darf die Kirche auch davon ausgehen, dass Gott selber sie schützt und bewahrt, weil sein Bund und damit die Früchte des Todes Christi nicht vergeblich sind.

Alles an der Kirche ist funktional. Sie ist von Gott erwählt, um zum Evangelium und also zur Gemeinschaft mit Christus einzuladen und Menschen dort zu erhalten. Sie ist in allen Dimensionen göttliches Werkzeug, das auf die Auferbauung des Leibes Christi gerichtet ist.

Kapitel XIII
Göttliche ganzheitliche Pädagogik – Sakramente als Hilfsmittel

Ebenso wie die Verkündigung haben die Sakramente die Aufgabe, die Menschen zu Christus hinzuführen, wobei die Besonderheit von Taufe und Abendmahl darin besteht, dass Gott mit ihnen andere menschliche Sinne anspricht. Gleichzeitig sind die Sakramente aber auch menschliche Handlungen, die Gottes Handeln nicht bewirken, sondern vielmehr die Verheißungen Gottes besiegeln.

Neben der Verkündigung des Evangeliums ist die Verwaltung der Sakramente das entscheidende Merkmal der Kirche – hier stimmt Calvin mit der lutherischen Confessio Augustana Artikel VII überein. Martin Luther und Huldrych Zwingli haben aufgrund ihres unterschiedlichen Verständnisses des Abendmahls nicht zusammen finden können – und seither geistert immer wieder die Auffassung umher, als sei das reformierte Sakramentsverständnis durch den Begriff »symbolisch« zu verstehen und das Abendmahl sei ein Erinnerungsmahl.

Abgesehen davon, dass diese Auffassung nicht einmal Zwinglis Position richtig wiedergibt,[1] passt sie doch auf Calvins noch viel weniger: Würden nämlich die Sakramente allein als menschliches Handeln verstanden, so wäre Gottes Wirken und Handeln nicht im Blick – das aber ist Calvin ein unverzichtbarer Gedanke.

Christus als »Substanz aller Sakramente«

Typisch für Calvin ist, dass er auch die Sakramente von Christus her versteht – und das heißt dann eben im Vollzug: Auf ihn hin. Die Sakramente haben darin ihre ureigentliche Funktion, dass sie Menschen zu Christus hinführen sollen: Dort ist Gottes Zuwendung zum Menschen zu sehen und ebenso die menschliche Verderbnis – da ist der Trost der ganzen Welt zu finden. Und weil die Sakramente eben genau diese Aufgabe haben, nennt Calvin Christus die »Substanz aller Sakramente«.[2] Das ist natürlich eine polemische Wendung gegen das damalige römisch-katholische Verständnis der Sakramente, nach der die Substanz der Elemente verwandelt wird – für Calvin ist es die Hinführung zu Christus, die das Wesen des Sakraments ist.

Nun könnte gefragt werden, inwiefern denn die Sakramente das anders oder besser tun können als beispielsweise die Predigt, die bei Calvin ja genau den gleichen Zweck hat: Auch sie soll zu Christus hinführen. Die Besonderheit der Sakramente besteht nach Calvin in der Anpassung Gottes an die menschlich begrenzte Kapazität. Weil der Mensch ein Wesen mit vielen Sinnen ist und der Mensch oft zu schwach ist, sich vom gehörten Wort allein bewegen zu lassen – darum gibt es die Sakramente, die mit Gebrauch mehrerer Sinne den schwachen Menschen abholen. Man könnte deshalb die Sakramente mit Calvin auch im Sinne einer »ganzheitlichen göttlichen Pädagogik« verstehen, weil Gott in den Sakramenten verschiedene Sinne anspricht und durch sie den Menschen auf Christus hin bewegt.

Daraus folgt unmittelbar: Die »Zuversicht auf das Heil hängt nicht von der Teilnahme am Sakrament ab«,[3] weil es nicht um das Sakrament als solches geht, sondern es ist ja nur Vehikel auf Christus hin, der Gerechtigkeit schenkt. Deshalb ist die Handlung als solche auch nach Calvin nicht genug, weil die Elemente als solche mehrdeutig sind und nicht für sich selber sprechen – das Wort ist unverzichtbar, um den Sakramenten ihre Richtung zu geben.

Wie aber geschieht es, dass ein Sakrament tatsächlich zu Christus führt? Es geschieht nicht, so Calvin, indem die Handlung vollzogen wird – dann wäre das Sakrament als eine Art Mantra missverstanden, das Gott gleichsam herbeizwingt. Vielmehr ist es Gott selber im Heiligen Geist, dessen Wirken das Entscheidende in den Sakramenten ist. Gott selber schenkt in den Sakramenten durch den Heiligen Geist, dass die Herzen der Menschen auf ihn hin geöffnet werden – das, so Calvin immer wieder, ist die entscheidende Verheißung der Sakramente. Der Begriff der »Verheißung« ist hier wichtig, weil die Sakramente nicht »automatisch« wirken, aber es im entscheidenden Sinn um eine geistliche Handlung geht, in der auf Gottes Handeln vertraut wird. Ein Begriff, der von Calvin ausgehend beispielsweise auch im Heidelberger Katechismus aufgenommen wurde, ist der des »Siegels«: In den Sakramenten besiegelt Gott seine Verheißung. Christus ist die Substanz des Sakraments. Deshalb ist die zweite Dimension des Sakramentes nach Calvin nachzuordnen, ohne dass das vernachlässigt werden dürfte: Das Sakrament ist auch ein menschliches Bekenntnis. Es bezieht sich auf die Verheißung, die Gott schenkt und hat darum einen doppelten Bezug: Gott und die Menschen. Jedes Sakrament ist ein Bekenntnis vor Gott, weil es Gott die Ehre gibt, weil es Gott darin lobt, dass er den Menschen zu Christus führt und ihn aus seiner Verlorenheit errettet. Aber es ist ebenso ein Bekenntnis vor den Menschen, weil es Gottes Verheißung kundtut – eine Sakramentsfeier ist ja ein öffentliches Ereignis, in welcher gehört und gefühlt werden kann, »wie freundlich der Herr ist«.[4]

Die Verheißung der Taufe

Die allgemein im Sakramentsverständnis Calvins erkennbare Doppelstruktur wird auch in der Taufe deutlich: Zunächst und zuallererst ist sie als göttliches Handeln und erst in zweiter Linie als menschliches Bekennen zu bestimmen.

Wie aber wirkt Gott in der Taufe? So, dass der Zeichencharakter der Taufe nicht aufgehoben wird. Calvin nennt die Taufe ein »Zeichen der Einweihung, durch das wir in die Gemeinschaft der Kirche aufgenommen werden, um in Christus einverleibt und damit zu den Kindern Gottes gerechnet zu werden«.[5] Das heißt: Die Sünden werden den Menschen nicht *durch* den Vollzug der Taufe vergeben. Denn wenn das so wäre, dann wäre der Vollzug der Taufe das, was in Christus nur ermöglicht worden wäre – und also wäre die Taufe letztlich bedeutender als Christus selber. Die Taufe aber hat die

Aufgabe, zu Christus hinzuführen. Wenn es darum in der Bibel heißt, dass die Taufe zur Vergebung der Sünden geschieht, dann ist die Taufe in erster Linie »eine unterschriebene Urkunde«, die über sich selbst hinausweist und bestätigt: Das, was hier bezeichnet wird, gilt. Dem Täufling ist die Sünde vergeben, nicht *weil* er getauft wird – diese Reihenfolge verdreht nach Calvin Ursache und Folge. Sondern in der Taufe empfängt der Glaubende die Vergewisserung, dass er mit Christus gestorben und auferstanden ist. Diesem Hinweis auf die Rechtfertigung folgt bei Calvin sogleich ein zweiter – die Taufe vergewissert nämlich auch der Heiligung, weil wir »nicht nur in Christi Tod und Leben eingeleibt, sondern auch dergestalt mit Christus geeint sind, daß wir aller seiner Güter teilhaftig werden.«[6] Das Ganze kann Calvin auch trinitarisch beschreiben: »Wir erlangen die Barmherzigkeit des Vaters und die Gnade des Geistes allein durch Christus, und die Nennung seines Namens schließt die Nennung des Vaters und des Geistes in sich ein.«[7] Der Vater pflanzt »durch Annahme an Kindes Statt«[8] in seine Kirche ein; das geschieht durch die durch Christus vollbrachte Versöhnung, in der der Heilige Geist »uns zu einer neuen Schöpfung«[9] macht.

Wenn aber Calvin dabei bleibt, dass die Taufe ein Zeichen ist, wieso akzentuiert er dann so stark das Handeln Gottes? Weil es in der Taufe nie nur um die Handlung als solche geht – das wäre zu gering gedacht. Gott hat deshalb das Sakrament der Taufe eingerichtet, um den schwachen Menschen zu versinnbildlichen, mit welcher Verheißung er zu den Menschen gekommen ist und noch ständig kommt: Die Zusage der Vergebung der Sünden und des erneuerten Lebens und damit die Verheißung, zum Leib Jesu Christi zu gehören, sind ja empirisch nicht abzulesen – weder an den Getauften noch an der Taufe selber, die aus sich heraus nur eine menschliche Handlung ist. Den Elementen selber traut Calvin wenig zu, Gott hingegen alles.

Damit ist auch schon der Mensch als handelndes Subjekt der Taufe benannt. Denn genau dies, dass Gott der Handelnde ist, ist der Inhalt dessen, was in der Taufe vor den Menschen bekannt wird, nämlich daß wir zum Volke Gottes gerechnet werden wollen [...] und mit dem wir endlich unserem Glauben vor der Öffentlichkeit Ausdruck geben können, damit nicht nur unsere Herzen das Lob Gottes atmen, sondern auch unsere Zunge und alle Glieder unseres Leibes, die sie von sich geben können, davon widerhallen.[10]

Die Taufe ist so auch ein öffentliches Glaubensbekenntnis, das auch zur Stärkung des Glaubens dient – hier rechnet Calvin mit dem Wirken Gottes durch die äußeren Mittel, ohne Gott an diese zu binden. »Gottes Gnade ist nicht dergestalt an die Sakramente gebunden, dass wir sie nicht (auch ohne sie) im Glauben aus dem Worte Gottes erlangten!«[11]

Es stellt sich aber in diesem Zusammenhang sofort eine Frage, die sich auch Calvin gestellt hat. Wenn denn der Glaube durch die Taufe gestärkt wird, muss also bei der Taufe der Glaube bereits da sein. Aber wie ist das dann mit der Kindertaufe? Auch hier betont Calvin, dass die Verheißung grundlegend für die Kindertaufe ist. Calvin sieht eine Parallele zur Beschneidung. So wie im Judentum die Beschneidung das Bundeszeichen der Zugehörigkeit zum Volk Gottes ist, so gilt das nach Calvin entsprechend für die Kindertaufe in der Zeit nach dem Kommen Jesu Christi, weil »nun die Kinder der Christen als heilig«[12] gelten – Calvin bezieht sich hier auf 1Kor 7,14. Die Kindertaufe ist also nur bei den Kindern von Christen erlaubt, bei ihnen aber auch geboten, weil ihnen die Verheißung der Zugehörigkeit zum Leib Jesu Christi gilt.

Auffällig ist, dass Calvin der Kindertaufe in der Institutio ein eigenes Kapitel widmet, das beinahe doppelt so lang ist wie der Abschnitt zur Taufe. Calvin wehrt sich hier auch gegen die Positionen der so genannten Wiedertäufer, die einen Widerspruch zwischen der reformatorischen Betonung des Glaubens und der Kindertaufe sahen. Ob dieser Widerspruch bei Calvin tatsächlich gegeben ist, wie ein Teil der heutigen Forschung meint, kann hier nicht geklärt werden – in meinen Augen spricht manches dafür.[13] Calvin selber sieht dieses Problem nicht, auch weil er der Verheißung Gottes den entscheidenden Raum einräumt – und hier sah er bei den Wiedertäufern auch die Gefahr, dass das eigene Bekenntnis zum entscheidenden Inhalt der Taufe wird. Das aber, so Calvin, folgt der Verheißung Gottes und geht ihr nicht voraus.

Die Verheißung des Abendmahls

Ebenso wie bei der Taufe sieht Calvin auch im Abendmahl die Bezeugung des Handelns Gottes im Mittelpunkt stehen. Aber es ist bei Calvin nie die Handlung als solche, die in der Lage wäre, uns Gott nahe zu bringen; das muss schon Gott selber machen. Und deshalb formuliert Calvin auch genau, dass im Abendmahl »Christus bezeugt, daß er das lebendigmachende Brot ist, durch das unsere Seelen zur wahren, seligen Unsterblichkeit gespeist werden.«[14] Wenn also das Abendmahl mehr sein soll als eine menschliche Handlung, mehr als ein Ritual, dann sind wir angewiesen darauf, dass Christus selber gegenwärtig ist. Calvin vollzieht in seinem Abendmahlsverständnis eine Gratwanderung. Einerseits wird durch die Elemente Brot und Wein nur der Leib ernährt und nicht die Seele – Calvin weigert sich, eine wie auch immer geartete Wandlung der Elemente anzunehmen, wie sie im römisch-katholischen (dort spricht man von Transsubstantiation) und noch im lutherischen Abendmahlsverständnis (dort spricht man von Konsubstantiation) gelehrt werden: Brot bleibt Brot und Wein bleibt Wein. Aber das Abendmahl ist von Christus »eingesetzt, um uns zu lehren, daß unsere Seelen durch die Gemeinschaft mit seinem Leib und Blut in der Hoffnung auf das ewige Leben genährt werden, und uns dessen gewiß zu machen.«[15] Das Abendmahl wird also von Calvin als »Gleichnis«[16] verstanden, in dem wir mehr sehen und schmecken sollen als nur die Elemente selber. Wie aber geschieht das, dass das Abendmahl diese Stärkung und Vergewisserung dessen ist, was Christus erworben hat? Im Gespräch zwischen den Konfessionen hat hier die Diskussion um die Realpräsenz stattgefunden, d.h. um die Frage, ob Christus im Abendmahl wirklich gegenwärtig ist. Und nun wäre es eine Verkennung Calvins, wenn man meint, er stünde der Realpräsenz kritisch gegenüber. Das Gegenteil ist der Fall. Zwar lehnt Calvin eine »leibliche Gegenwart« Christi im Abendmahl, also in den Elementen ab. Aber das ist keine Ablehnung der Gegenwart Christi – im Gegenteil! Denn der Heilige Geist vergegenwärtigt Christus. Das Abendmahl dient dazu, jene »Verheißung zu besiegeln und zu bestätigen und uns, damit dies geschehe, zu Christi Kreuz zu führen.«[17] Wo das geschieht, wo die Herzen der Menschen erfüllt werden mit dieser Verheißung, wo Herzen getröstet werden mit dem Evangelium, da ist Christus gegenwärtig. Denn das können Menschen sich zwar so sagen, dass es mit den Ohren gehört wird; das Herz aber erreicht nur Gott selber.

Deswegen ist das Abendmahl, weil es andere Sinne anspricht als die Predigt, ein Hinweis auf die göttliche ganzheitliche Pädagogik, mit der sich Gott dem Menschen nähert und ihn sinnenfällig anspricht.

Die oben genannte Gratwanderung Calvins bringt es mit sich, dass er sich sowohl gegen eine Unter- wie eine Überschätzung des Abendmahls wehrt. Unterschätzt wird das Abendmahl dort, wo die Verheißung zu klein geschrieben wird. Diese Gefahr sieht Calvin, wenn man meint, auf das Abendmahl verzichten zu können, weil es letztlich auf den Glauben ankäme und nicht auf äußere Zeichen. Ja, es stimmt, so Calvin, dass das Abendmahl nicht mehr bringt. Aber es nimmt die menschliche Schwachheit nicht ernst genug und betont also die Selbsterkenntnis zu wenig, wenn Christen auf das Abendmahl nicht angewiesen zu sein meinen. Brot und Wein als sichtbare Zeichen verweisen auf die himmlische Speise selber, auf Christus. Wer zu ge-

Allmächtiger Gott!
Viel zu wenig erwarten wir deinen Erlöser, der uns frei machen soll von den Leiden dieser Zeit. Dennoch hast du uns in den Dienst genommen unter seinem Kreuz, bis er vom Himmel erscheinen wird und uns in das ewige Leben führt.
Wir bitten dich: Gib uns Geduld, alle Mühen und Beschwerden zu ertragen. Habe Dank, daß Christus einmal das Blut des neuen und ewigen Bundes vergossen hat und uns im Abendmahl ein Wahrzeichen dafür vor Augen stellt.
Laß uns bestehen bei diesem heiligen Siegel, mach uns deiner Güte für alle Zukunft gewiß, und offenbare an uns die Frucht dieser Versöhnung. Noch drückt uns die Last des Elends, du aber bringe uns in die ewige Herrlichkeit, die unser Herr Jesus Christus mit seinem Blut für uns erworben hat, ja die uns täglich durch sein Evangelium verheißen wird.
Laß uns endlich schmecken die himmlische Freude durch Jesus Christus, unsern Herrn. Amen.

Ein Abendmahlsgebet Calvins

ring vom Abendmahl denkt, überschätzt sich selbst. Calvin hat deshalb jeden Sonntag das Abendmahl feiern wollen – ein Vorschlag, mit dem er sich nicht durchsetzen konnte. Das prägt bis in die Gegenwart hinein die meisten reformierten Gemeinden.

Aber auf der anderen Seite warnt Calvin fast noch heftiger gegen die Überschätzung der Zeichen. Denn das Abendmahl ist auf keinen Fall so zu verstehen, als wäre die »Gegenwart Christi ... an das Element des Brotes«[18] gebunden oder in das Brot eingeschlossen. Das Brot und der Wein sind nämlich nie für sich selber zu verstehen, sondern nur im Zusammenhang des Bundes Gottes. Deshalb kann das »ist« in den Einsetzungsworten des Abendmahls auch nicht aus dem Zusammenhang gerissen werden – es muss wie auch an vielen anderen biblischen Stellen als Vergleich verstanden werden. Weil Christus nach seiner Auferstehung leiblich im Himmel zur Rechten Gottes sitzt, ist er nicht leiblich, sondern geistlich gegenwärtig – nach Calvin keine Minderung der Gegenwart Christi, sondern ein anderer Modus. Immer wieder betont Calvin übrigens, dass er diese Einsicht nicht – wie ihm zuweilen vorgeworfen wurde – aus Vernunftgründen entwickelt habe, sondern aus der Auslegung der Heiligen Schrift.

Im Genfer Katechismus ist Calvins Abendmahlsverständnis zwischen einer Über- und Unterschätzung der Elemente wie folgt zusammengefasst:

> Im Abendmahl sind zwei Dinge beisammen, nämlich Brot und Wein, die mit den Augen gesehen, mit den Händen berührt und mit dem Geschmack wahrgenommen werden, und Christus, durch den unsere Seelen innerlich als mit der ihnen zukommenden Nahrung gespeist werden.
>
> Jawohl; und dadurch werden wir wie mit einem Pfand unserer zukünftigen leiblichen Auferstehung vergewissert, da auch der Leib an diesem Zeichen des Lebens teilhat.[19]

In der reformierten Abendmahlspraxis hat sich an vielen Orten eine so genannte Abendmahlsscheu entwickelt. Der Grund dafür ist die Sorge, unwürdig zum Abendmahl zu gehen und sich so durch den unwürdigen Genuss des Abendmahls zu schaden – ein auf 1Kor 11,29 zurückgehendes Argument. Auf Calvin lässt sich dies kaum zurückführen. Zwar plädiert auch Calvin für die Selbstprüfung, ob man zum Abendmahl im Vertrauen auf Christus gehe. Aber mehr noch warnt Calvin davor, irgendeine Würdigkeit voraussetzen zu können: »Denn wenn es darum geht, dass wir unsere Würdigkeit von uns selbst her nehmen sollen, dann ist es um uns geschehen – nur Verzweiflung und tödliches Zusammenbrechen warten unser!«[20] Genau umgekehrt müsse argumentiert werden: Unsere Würdigkeit wird uns in Christus zuteil. Deshalb ist das »heilige Mahl eine Arznei für die Kranken, ein Trost für die Sünder und ein reiches Geschenk für die Armen.«[21] Und weiter heißt es bei Calvin:

Auch wäre es doch wahrlich ein Zeichen von gar zu großer Unverständigkeit, ja Dummheit, wenn man beim Empfang des Sakraments eine Vollkommenheit forderte, die das Sakrament selbst wirkungslos und überflüssig machte; denn es ist nicht für die Vollkommenen gestiftet, sondern für die Schwachen und Gebrechlichen, um die Gesinnung des Glaubens und der Liebe anzustacheln, zu erwecken, anzuspornen und zu üben und um dem Mangel an Glauben und Liebe zu beheben.[22]

Kapitel XIV
Der Staat als göttliche Anordnung zur Förderung der Menschlichkeit

Kirche und Staat sind zu unterscheiden und nicht zu vermischen. Aber durch beide wirkt Gott den Menschen zugute. Die spezifische Aufgabe des Staates ist es, die Gottesverehrung und also die Kirche zu schützen und das Miteinander aller Menschen zu fördern; dazu gehört auch die Förderung des Friedens. Allerdings kann der Staat seine Aufgabe auch missbrauchen. Deshalb bedarf der Staat der Ermahnung, Fürbitte und des Vorbildes der Kirche.

Die Institutio Calvins endet mit einem längeren Kapitel, das dem Staat gewidmet ist. Nach Wilhelm Niesel wirkt dieser Abschnitt »wie ein Anhängsel«,[1] doch übersieht dieses Urteil einerseits, dass sich die Reflexion über die besondere Aufgabe der Obrigkeit vielfach vorher in der Institutio angedeutet hat (z. B. in der Auslegung der zehn Gebote). Und andererseits ist gerade der Bezug auf die Überschrift von Buch IV der Institutio für Calvins Auffassung des Staates charakteristisch. Das ganze Buch IV handelt nämlich von »den äußeren Mitteln oder Beihilfen, mit denen uns Gott zu der Gemeinschaft mit Christus einlädt und in ihr erhält.«[2] Hier ist es natürlich zunächst die Kirche und darin auch die Sakramente, die bedacht werden – aber damit ist die Perspektive, in der Calvin auch den Staat funktional und das heißt von Gott her bedenkt, vorgegeben. Denn anders als eine breite kirchliche Tradition, die den Staat vor allem als gottgegeben und dann allein aus der Perspektive des Untertanen wahrnimmt und deshalb das Verhalten der Obrigkeit gegenüber thematisiert, setzt Calvin einen anderen Akzent. Er fragt vor allem nach der Funktion des Staates. Deshalb ist das Kapitel in der lateinischen Ausgabe der Institutio auch überschrieben: »Von der öffentlichen Verwaltung«, was Wilhelm Niesel bemerken lässt: »So nüchtern zeichnet er, was wir Regierung nennen.«[3] Die Frage Calvins ist schlicht: Was möchte Gott durch den Staat erreichen, was ist Gottes Absicht, dass es so etwas wie eine Obrigkeit, so etwas wie einen Staat gibt? Damit hat Calvin ein funktionales Staatsverständnis, das in seiner Wirkungsgeschichte dem neuzeitlichen Staatsverständnis Vorschub geleistet hat.

Die Verschiedenheit von Kirche und Staat

Auch wenn der Begriff der Zwei-Reiche-Lehre zumeist auf Luther und die lutherische Tradition bezogen wird, so wird man auch bei Calvin die wesentlichen Grundzüge einer Unterscheidung von Kirche und Staat deutlich finden – beide dürfen nicht vermischt werden. Denn es muss unterschieden werden zwischen »diesem gegenwärtigen, vergänglichen Leben und jenem kommenden, ewigen«.[4] Deshalb müssen auch die Kompetenzen differenziert werden. Die Kirche mit ihrer geistlichen Dimension hat sich auf ihr Gebiet zu beschränken, für sie gibt es Grenzen, an die sie gebunden ist. Das expliziert Calvin in der Institutio an der Freiheitsdimension. Entscheidend für das Evangelium ist, dass der Mensch von Christus aus der Knechtschaft in die Freiheit geführt wird. Diese »geistliche Freiheit« existiert auch dann, wenn man in bürgerlicher Knechtschaft existiert, das heißt z.B. gefangen ist. Die Kirche, das ist für Calvin wesentlich, darf diese Unterscheidung nicht verwischen, weil sie dann die Herrschaft Christi mit den Dingen dieser Welt vermischen würde. Und den Zeitgenossen, die den Staat jedenfalls im Blick auf die Christen für überflüssig hielten, weil diese ja nach den Geboten Gottes lebten, hält Calvin entgegen: So etwas ist »in der Gemeinschaft der Menschen niemals zu finden«[5] – auch die Kirche braucht den Staat, weil er für die Ordnung im gegenwärtigen Leben sorgt. Damit ist auch deutlich, dass sich Calvin gegen jede »Theokratie« wehrt, die ihm im Blick auf die Situation in Genf immer wieder fälschlich unterstellt wurde. Aber auch der Staat darf seine Kompetenz nicht überschreiten, das heißt er darf seine Herrschaft in irdischen Dingen nicht auf die Gottesrelation ausweiten. Die in Deutschland vorherrschende Fürstenreformation, die eine eigenständige kirchliche Organisation beseitigte, hat Calvin darum sehr kritisch gesehen.

Allerdings ist damit die Argumentation Calvins noch nicht am Ende – oder genauer gesagt: Eigentlich fängt sie hier erst an. Denn die Betonung der Unterschiedenheit von Kirche und Staat dient dazu, ihre jeweilige Aufgabe genauer in den Blick zu nehmen – und damit auch die Zuordnung beider und ihre jeweilige Verantwortung gegenüber Gott.

Die Aufgaben des Staates

Kennzeichnend für Calvin ist es, dass zuallererst der Staat als »Anordnung« verstanden wird. Das heißt: Nicht der Staat als solcher wird zuerst in seinem Vorhandensein als göttliche Einrichtung verstanden, sondern: Gott will mit dem Staat etwas erreichen, will, dass der Staat dem, was Gott mit ihm vorhat, entspricht. Und was sind die Aufgaben des Staates nach Calvin? Knapp gesagt gibt es zwei Bereiche, die Calvin in verschiedenen Ausführungen bedenkt.

Zunächst gilt es, »die äußere Verehrung Gottes zu fördern und zu schützen, die gesunde Lehre der Frömmigkeit und den (guten) Stand der Kirche zu verteidigen«.[6] Das heißt, dass eine wesentliche Aufgabe des Staates darin besteht, den Menschen die Möglichkeit zu geben, am kirchlichen Leben teilzuhaben. Das ist im Gedankengang Calvins auch nahe liegend: Wenn nämlich das, was allein den Namen Weisheit verdient, in Gottes- und Selbsterkenntnis besteht,[7] dann hat auch der Staat eine wesentliche Aufgabe, dies zu ermöglichen. Hier sieht Calvin den Staat auch der ersten Tafel der zehn Gebote verpflichtet, die ja der Gottesrelation im engeren Sinne zugedacht sind; allerdings ist der Staat an dieser Stelle indirekt tätig, indem er die Gottesverehrung schützt.

Die die zweite und erste Aufgabe nicht beeinträchtigende Funktion des Staates besteht darin, »unser Leben auf die Gemeinschaft der Menschen hin zu gestalten, unsere Sitten zur bürgerlichen Gerechtigkeit heranzubilden, uns miteinander zusammenzubringen und den gemeinen Frieden wie die öffentliche Ruhe zu erhalten.«[8] Auffällig ist, dass Calvin den Staat in erster Linie im Blick auf seine Gestaltungsaufgabe ernst nimmt. Der Staat hat mit seinen Ordnungen und damit auch mit seinem Recht dem Miteinander der Menschen zu dienen – das positive Verständnis des Rechts als Hilfe zeigt auch den Juristen Calvin. Der Staat hat die Gemeinschaft des alltäglichen Miteinanders zu fördern. Konkreter als die allgemeinen Sätze, die sich in der Institutio finden, sind die Predigten Calvins; dabei ragen die Deuteronomiumspredigten, die Calvin 1555 und 1556 hielt, hervor. Hier thematisiert Calvin beispielsweise das Problem der wirtschaftlichen Schieflage zwischen Armen und Reichen, die sozialen Sprengstoff in sich birgt, auch die Frage der gerechten Entlohnung wird reflektiert. Calvin bedenkt das Verhältnis von ökonomischer Notwendigkeit und sozialer Solidarität, wendet sich gegen Wucher und plädiert für die Stärkung des Miteinanders. Die starke Betonung der Solidarität wird auch im Blick auf die überproportional nach Genf ziehenden Flüchtlinge deutlich, die den Stadtstaat vor schwierige Aufgaben stellen. Dass »unter den Menschen die Menschlichkeit bestehen bleibt«,[9] ist darum eine treffende Zusammenfassung dieser zweiten Aufgabe des Staates. Dazu gehört nach Calvin auch die Möglichkeit der Obrigkeit, einen Krieg zu führen. Allerdings ist das nur dann möglich, wenn der Nutzen deutlich ist – dann aber ist es nach Calvin auch nötig, zu diesem Mittel zu greifen: Wenn die Obrigkeiten

> die Hüter und Wahrer der Gesetze sein sollen, so müssen sie gleichermaßen die Anschläge derer zunichte machen, durch deren Mutwillen die Ordnung der Gesetze zerstört wird. … sollen sie dann zulassen, daß das ganze Land ungestraft durch Räubereien in Not gebracht und verwüstet wird?[10]

Allerdings sieht Calvin im Blick auf den Krieg die deutliche Gefahr des Machtmissbrauchs gegeben, wenn nämlich »Begierden« oder »Hass« und nicht das Erbarmen im Vordergrund stehen. Deshalb müssen wir »zuvor alles versuchen, ehe wir die Entscheidung mit den Waffen herbeiführen.«[11]

Die Verantwortung des Staates

Die funktionale Bestimmung des Staates wird darin deutlich, dass »die Oberen«, wie Calvin sie immer wieder nennt, »zu Dienern der göttlichen Gerechtigkeit«[12] eingesetzt sind. Damit ist die Unterscheidung der beiden Bereiche von Staat und Kirche keine Aufteilung in zwei Welten, in denen unterschiedliche Maßstäbe gelten. Kirche und Staat sollen sich nach dem Wort Gottes richten, weil Christus der Herr ist. Dazu ist es nötig, in die »Schule Gottes«[13] zu gehen. Denn dort, im Blick auf Gottes eigenen menschenfreundlichen Weg, ist die »Milde«[14] entscheidendes Kriterium. Beispielsweise im Blick auf den Fall Servet wird man fragen können, inwiefern die Praxis Calvins in Genf dieser von ihm selbst aufgestellten Leitlinie entsprochen hat. Bei aller heute nötigen Distanzierung von Calvins Verhalten wird aber zugleich die zeitgeschichtliche Differenz zu beachten sein.

Zu fragen bleibt jetzt noch, ob denn jede Obrigkeit bereits durch ihre Faktizität legitim ist. Hier ist Calvin deutlich: Nein, eine Obrigkeit kann ihre Aufgabe missbrauchen, wenn sie selbstherrlich und nicht zum Wohl der Gemeinschaft regiert – das ist Tyrannei. Diese Obrigkeit ist nicht mehr legitim. Ist dann auch ein politischer Widerstand erlaubt oder geboten? Hier ist Calvin sehr zurückhaltend und sagt wohl weniger als uns auch aufgrund der geschichtlichen Erfahrung des 20. Jahrhunderts zu sagen nötig wäre. Calvin nämlich fordert zum Gehorsam auf. Allerdings kennt er eine Ausnahme: Die in untergeordneten staatlichen Stellen arbeitenden Personen können, ja sollen kraft ihres Amtes gegen die Tyrannei beispielsweise des Königs einschreiten und für die Freiheit des Volkes eintreten. Damit argumentiert Calvin auf dem Hintergrund der ihm vor Augen stehenden Staatsform. Denn auch der Widerstand muss nach Calvin auf dem Boden des Rechts stattfinden; ansonsten ist nach Calvin die Gefahr der Anarchie und damit neuer Gewaltherrschaft gegeben. Auch wenn hier weniger gesagt wird als nach heutiger theologischer Erkenntnis nötig ist, so ist doch in seinen Spuren ein theologisches Widerstandsrecht entwickelt worden. Schon Theodor Beza, der Nachfolger Calvins in Genf, formulierte das Recht auf Widerstand und gründete dabei auf Calvins Grunderkenntnis, dass jede Obrigkeit funktional zu verstehen ist und dem Volk zu dienen hat.

Die Aufgabe der Kirche im Blick auf den Staat

Die eine Herrschaft Jesu Christi macht es nötig, dass nicht nur der Staat die Kirche zu schützen hat, sondern dass auch die Kirche Aufgaben im Blick auf den Staat hat. Drei Dimensionen sind hier herauszuheben:

Zunächst ist zu erkennen, wie sehr die Kirche den Staat an seine Verantwortung zu erinnern hat – hier ist vor allem wieder auf Calvins Predigten zu verweisen. Historisch muss natürlich gesehen werden, dass Calvin von einer christlichen Obrigkeit ausgeht. Das heißt aber nicht, dass die Kirche dem Staat nicht deutliche Worte sagen könnte. Die bis heute auf Deutsch nur schwer zugänglichen und nur ansatzweise interpretierten Predigten Calvins zeigen, wie sehr er einerseits deutliche theologische Erkenntnisse und tagespolitische Fragen zusammenbrachte. Zusammenfassend kann Hans Scholl hier formulieren: »Calvin redet, die Behörden der Stadt ermahnend, nicht gesetzlich, sondern konkret, in evangelischem Realismus, in brüderlicher Verantwortung, besorgt um das Heil, aber auch um das soziale Wohlergehen der Stadt.«[15] Man wird aber diese Aufgabe nicht auf die Form der Kanzelrede beschränken dürfen. So ist bei Calvin seine polititische Verantwortung nicht allein auf Genf beschränkt, sondern richtet sich auch auf einen größeren Horizont, konkret ist das vor allem Frankreich. Adressat ist hier nicht allein der Staat (das aber auch), sondern Calvin

> Wie weit aber liegen die beiden Meinungen auseinander, einerseits daß man für die Könige beten soll, damit Recht und Anstand stark seien und der Glaube blühe, andererseits, daß die Regierung nicht nur, sondern der ganze Bereich der Politik nichts mit dem Glauben zu tun habe! Da wir als Urheber des ersten Satzes den Heiligen Geist haben, muß wohl der zweite Satz vom Teufel sein.
>
> Calvin in seinem Kommentar zu 1Tim 2,2.

richtet sich (hier vornehmlich in Briefen) vor allem an die unter Bedrängnis leidenden Hugenotten, die er zum Aushalten und zur Gewaltlosigkeit aufruft.

Die politische Verantwortung der Kirche zeigt sich ferner in der Fürbitte für den Staat – eigentlich ist sogar alles konkrete politische Handeln in der Fürbitte gegründet: »Fürbitte und aufmerksames Mitgehen in den politischen Problemen bedingen einander.«[16] In den Gebeten Calvins zeigt sich, wie sehr er auf Konkretion bedacht ist, das heißt situationsbezogene Anliegen aufnimmt. Aber auch die Einrichtung eines spezifischen wöchentlichen Gebetsgottesdienstes in Genf geht auf Calvin zurück: »Als in Deutschland teils die Pest, teils der Krieg wütete, da bewirkte ich, dass ein außerordentlicher Gebetstag beschlossen wurde.«[17]

Die dritte Aufgabe der Kirche besteht in ihrem Vorbildcharakter. Zwar wird man hier nicht zu vollmundig urteilen dürfen, und doch hat die in der Kirche praktizierte Gewaltenteilung auch einen exemplarischen Charakter. Denn die Aufteilung der Ämter in der Gemeinde vor Ort wie die presbyterial-synodale Struktur des Zusammenseins der Gemeinden sind zumindest durchlässig und haben, so Eberhard Busch, »ein demokratisches Denken [...] befruchtet«,[18] ohne dass Calvin selber der Demokratie positiv gegenüber stand.

Kapitel XV
Sehnsucht nach der Vollendung

Auch wenn Calvin auf die Gestaltung der christlichen Gemeinde und des einzelnen großen Wert gelegt hat, so ist doch seine ganze Theologie durchzogen von der Sehnsucht nach der kommenden Herrlichkeit: Das Kommen Jesu Christi wird dann den Erwählten die vollkommene Gemeinschaft mit ihm bringen, ja sogar die ganze Welt verwandeln. Diese Hoffnung auf das zukünftige Leben hilft dazu, schon in diesem Leben Gott die Ehre zu geben.

Calvin hat weder in seiner Institutio noch andernorts eine breit ausgeführte Eschatologie verfasst. Auch hat er wie alle anderen Reformatoren die Offenbarung des Johannes nicht ausgelegt, sondern um sie einen Bogen gemacht – selbst Anspielungen darauf finden sich bei Calvin kaum. Das könnte darauf schließen lassen, dass ihm das Nachdenken über das, was kommen wird, nicht so wichtig gewesen ist. Aber wer Calvin liest, wird schnell merken, dass bei ihm in fast jedem Gedankengang Hinweise auf die kommende Herrlichkeit enthalten sind. So heißt es beispielsweise beim Nachdenken darüber, wie Gott die Welt erschaffen hat und erhält:

> Ein solches Wissen um Gott muß uns zur Verehrung Gottes reizen und zugleich auch die Hoffnung auf ein ewiges Leben in uns erwecken und aufrichten. Kann es uns doch nicht entgehen, daß die Zeichen, die uns der Herr von seiner Gnade wie von seiner Strenge gibt, nur Beginn und Anfang sind. Sie sind eben ohne Zweifel bloß als Vorspiel zu größeren zu betrachten, deren Offenbarung und volle Enthüllung auf ein anderes Leben verschoben ist.[1]

Allerdings wird – in diesem Zitat eher indirekt, sonst aber noch deutlicher – erkennbar, dass das Interesse Calvins nicht auf der so genannten kosmischen Eschatologie liegt, die den neuen Himmel und die neue Erde und somit die Zukunft des ganzen Kosmos in den Blick nimmt. Calvin fokussiert vor allem die individuelle Eschatologie, das heißt er fragt vor allem nach der Auferstehungshoffnung für die Glaubenden. Aber er tut das in einer Weise, die eine individualistische Verengung von vornherein ausschließt.

Die Wiederkunft Jesu Christi

Entscheidender theologischer Ausgangspunkt für alle eschatologische Überlegungen Calvins ist zunächst nicht die Frage, wie es denn nach dem Tod weitergehen mag. Denn diese kann nur in einem größeren Horizont beantwortet werden, den man heilsgeschichtlich nennen könnte. Der Weg Jesu Christi ist auch hier entscheidend. Jesus Christus ist von den Toten auferstanden und er wird am Jüngsten Tag wiederkommen. Dann wird Jesus Christus für alle sichtbar erscheinen, dann wird die Herrlichkeit Gottes da sein. Diese Herrlichkeit aber übersteigt, wie Calvin betont, alles menschliche Vorstellungsvermögen:

> Denn obwohl wir in Wahrheit hören, das Reich Gottes werde voll Glanz und Freude, voll Seligkeit und Herrlichkeit sein, so bleibt doch das alles, was man nennen mag, unserem Empfinden ganz fern und gleichsam in Rätsel eingehüllt, bis jener Tag gekommen ist, an dem er uns selber seine Herrlichkeit enthüllen und sie uns von Angesicht zu Angesicht schauen lassen wird.[2]

Calvin ist also zurückhaltend, wenn er das »Wie« der zukünftigen Welt beschreibt – hier liegt wohl auch begründet, dass er die Offenbarung des Johannes nie ausgelegt hat. Immerhin ist aber auch zu würdigen, dass Calvins Einsatz bei der Wiederkunft Jesu Christi es zumindest möglich macht, die kosmische Dimension der Eschatologie zu denken – obwohl er das selber weitgehend ausgeblendet hat.

Die Wiederkunft Jesu Christi ist das Kommen des Richters. Dabei geht Calvin – seiner Vorstellung von der Erwählung entsprechend – nicht davon aus, dass alle gerettet werden. Vielmehr werden dann »die Gerechten die Krone der Herrlichkeit erlangt haben und den Gottlosen der verdiente

Lohn«[3] ausgezahlt worden sein. Die biblischen Bilder der Verdammnis werden von Calvin nicht systematisierend ausgeführt; auch hier weiß er um die Unaussprechlichkeit. Deshalb wird bei ihm die Verdammnis tendenziell als ewige Gottesferne verstanden: Wir »müssen unsere Erwägung vor allem darauf richten, was für eine Not es ist, von der Gemeinschaft mit Gott abgeschnitten zu sein«.[4] Ebenso wie bei seiner Erwählungslehre ist die Figur der ewigen Verdammnis eine logische Notwendigkeit, die die Kehrseite dessen ist, worauf es bei Calvin vor allem ankommt. Deshalb fasst er sich hier auch nur knapp und betont vielmehr die Hoffnung – die ewige Verdammnis ist nur die Negativfolie der Herrlichkeit. Denn wen erwarten die Gläubigen beim Gericht? Keinen anderen als den Erlöser, als den gnädigen Jesus Christus:

Herrlich ist der Trost, den wir daraus empfangen, daß das Gericht bei dem Herrn liegt, der uns selbst zu Mitgenossen seiner Ehre im Gericht verordnet hat. So wird er also gewiß nicht zu unserer Verdammnis zu Gericht sitzen! Wie sollte er, der gnädigste Fürst, sein eigenes Volk verderben? Wie sollte er, das Haupt, seine Glieder zunichte machen? Wie sollte der Fürsprecher seine Schützlinge verdammen?[5]

Diese fast hymnische Sprache zeigt Calvins Betonung bei der Betrachtung der letzten Dinge: Die vollendete Gemeinschaft mit Jesus Christus steht im Mittelpunkt – das Gericht ist deshalb nicht zu fürchten, sondern zu ersehnen. Denn es ist gegenüber dem Geschehen von Golgatha kein davon losgelöstes Handeln Gottes, sondern ein Offenbarwerden des Gerichtes von Karfreitag. Das, was vorher (nur!) geglaubt wurde, ist jetzt offenbar für alle: Die unio cum Christo, die Gemeinschaft des Leibes mit seinem Haupt.

Umstritten ist, ob Calvin die zukünftige Herrlichkeit rein als Wiederherstellung des sündlosen Urzustandes verstanden hat, also als Wiederaufrichtung des Paradieses vor dem ersten Sündenfall. Manche Äußerungen Calvins gehen dahin: Zugleich »mit dem menschlichen Geschlecht wird Gott den jetzt im Zusammenbruch befindlichen Erdkreis wieder in seinen ursprünglichen Zustand bringen.«[6] Gleichzeitig weisen aber viele fast enthusiastisch klingende Sätze, die von der Durchdringung der Verherrlichung Gottes durch die ganze

Welt sprechen, darüber hinaus, ohne dass explizit deutlich wird, »worin das Mehr der zweiten gegenüber der ersten Schöpfung besteht«.[7]

Vollendete Gemeinschaft

Das, was den Glauben im Kern ausmacht, ist die Gemeinschaft mit Christus, die der Heilige Geist bewirkt. Das Kennzeichen des Glaubens ist aber, dass er in dieser Welt in Anfechtungen steckt, und dass vor allem die Glaubenden die irdische Zeit als Kampfessituation wahrnehmen. Denn nach Calvin kann es gar nicht anders sein, dass die Christen ihrem Herrn auch im irdischen Leben gleichgestaltet werden: Die Erde ist nicht das Paradies, sondern der Ort des Streites und des Leidens. Calvin kann das Leben auf Erden sogar als »Verbannung«[8] bezeichnen. Freilich ist Calvin diese kritische Sicht auf das irdische Leben nur deshalb möglich, weil er von der vollendeten Gemeinschaft mit Christus ausgeht. Auf Erden wird sie geglaubt, in der Ewigkeit aber erfahren: »Wer einmal zu Christus gehört, dem ist ein ewiges Leben mit ihm verheißen.«[9] Diese Gemeinschaft ist nicht mystisch als Vereinigung des Menschen mit Gott zu verstehen. Vielmehr kommt der Mensch da an sein Ziel und wird in das Bild Gottes verwandelt – der Mensch wird Gott dann »von Angesicht zu Angesicht sehen«.[10] Diese Verwandlung betrifft nicht nur die einzelnen Glaubenden, sondern auch die Kirche in ihrer Gesamtheit wird verwandelt werden – und ihre Einheit, die weder zu Zeiten Calvins noch gegenwärtig sichtbar ist, wird dann vollendete Gegenwart sein. Darüber hinaus wird auch die ganze Welt, Himmel und Erde, gereinigt werden[11] – aber mit diesen knappen Andeutungen lässt es Calvin auch bewenden.

Damit ist ein Hinweis bereits gegeben: Die zukünftige Herrlichkeit ist nicht rein geistig zu verstehen, sondern hat leibliche Dimensionen. Denn ebenso und weil Christus von den Toten leiblich auferstanden ist, gibt es auch eine leibliche Auferstehung. Dabei denkt Calvin tatsächlich an die Wiederherstellung verwester Körper, weil der »Geist Gottes in der Schrift immer wieder zur Hoffnung auf die Auferstehung unseres Fleisches«[12] erinnert. Dieser Auferstehungsleib ist zwar derselbe im »Grundwesen«, die »Beschaffenheit wird dagegen anders sein.«[13] Damit ist auch ein anthropologischer Grundzug bei Calvin deutlich. Wiewohl er die Unsterblichkeit der Seele vertritt, so bildet doch der Mensch als Mensch ein Wesen aus Körper und Seele – Calvin denkt hier also ganzheitlicher als viele seiner Zeitgenossen. Und auch wenn Calvin den Leib, der an die Erde gebunden ist, in heute oft kaum mehr verständlicher Weise negativ einschätzt, so dominiert bei ihm nicht die Offensichtlichkeit der Verwesung, sondern die biblische Zusage der leiblichen Auferstehung; Calvin kann in einem Brief sogar sagen: »Gerade das Hohnlachen des gesunden Menschenverstandes ist für den Frommen eine Bestätigung.«[14] Letzter Grund für diese Hoffnung sind die biblischen Vorgaben der Auferstehung Jesu Christi: Weil er leiblich auferstanden ist, werden auch die Seinen leiblich auferstehen.

Unsterblichkeit der Seele

Calvin geht davon aus, dass die Glaubenden bei der Wiederkunft Jesu Christi in ihrem eigenen verwandelten Leib auferstehen werden. Für heutige Leser fällt aber zugleich auf, dass Calvin sehr betont von der Unsterblichkeit der Seele spricht. Da diese in der biblischen Tradition nicht gelehrt wird, ist durchaus davon auszugehen, dass Calvin »trotz seiner grundsätzlichen Abweisung der Philosophie, einen mehr philosophischen als theologischen Seelenbegriff entwickelt, der nicht mit der biblischen Anthropologie übereinstimmt.«[15] Calvin ist also wohl stärker als er es sich selbst bewusst ist einer platonisch orientierten Seelenlehre, die scharf zwischen Leib und Seele trennt, verpflichtet. Allerdings ist zu fragen, ob mit dieser Identifikation Calvins schon alles ausgesagt ist – oder ob die Schublade »Platonismus« nicht wiederum zu einseitig ist. Denn immerhin fällt zweierlei auf: Erstens hält Calvin wie oben gezeigt ganz entgegen aller platonischen Seelenlehre an der Auferstehung des Leibes fest – Niesel stellt etwas pathetisch aber zutreffend fest, dass »die Botschaft der Bibel diese Denkvoraussetzungen bei ihm gerade auch in der Eschatologie durchbrochen hat.«[16] Und andererseits ist zu fragen, ob es nicht für ihn auch inhaltliche Gründe gibt, die ihn die Unsterblichkeit der Seele betonen lassen. Und da gibt es durchaus Hinweise. Denn Calvin entwickelt die Unsterblichkeit der Seele im Wesentlichen nicht aus der Natur der Seele heraus oder aus ihrer Schöpfungsqualität. Vielmehr leben die Glaubenden ja schon jetzt durch den Heiligen Geist in Gemeinschaft mit Christus. Diese Gemeinschaft kann aber durch den Tod nicht aufgehoben werden. Wenn also der Mensch stirbt, dann ist dennoch die Relation zwischen Christus und den Seinen nicht ausgelöscht, sondern bleibt bestehen. Sie ruht auch nicht in Form eines Seelenschlafes – in einer frühen Schrift mit dem Namen Psychopannychia hat Calvin die Wachheit der Seele, »verbürgt durch den christologisch-pneumatologischen Aspekt der unverbrüchlichen Verbindung von Christus und seinen Gliedern«,[17] betont.

Dieser Akzent ist zu hören, auch wenn Calvin andernorts von einer Aufteilung des Menschen in Leib und Seele spricht und diese wesensmäßig und nicht relational begründet. Aber immerhin zeigen diese Durchbrechungen, dass vor einer zu starken Identifikation Calvins mit platonischen Vorstellungen zu warnen ist.

Wie lieblich schön, HERR Zebaoth,
ist deine Wohnung, o mein Gott.
Wie sehnet sich mein Herz, zu gehen,
wo du dich hast geoffenbart,
und bald in deiner Gegenwart
im Vorhof nah am Thron zu stehen.
Dort jauchzet Fleisch und Geist in mir,
o Gott des Lebens, auf zu dir.

Wir wallen in der Pilgerschaft
und gehen fort von Kraft zu Kraft,
vor Gott in Zion zu erscheinen.
Hör mein Gebet, HERR Zebaoth,
vernimms, vernimms, o Jakobs Gott!
Erquicke mich auch mit den Deinen,
bis wir vor deinem Throne stehn
und dort anbetend dich erhöhn!

Psalm 105 des Reimpsalters,
Text von Matthias Jorissen

Meditatio futurae vitae – das Trachten nach dem zukünftigen Leben

Anfang des 20. Jahrhunderts gab es eine heftige Kontroverse um die Stellung und Bedeutung von Calvins Eschatologie. Die Wahrnehmung der starken Stellung der Eschatologie, die bei Calvin einen deutlich breiteren und wichtigeren Raum einnimmt als beispielsweise bei Luther, führte zum Vorwurf an Calvin. Denn die starke Betonung der letzten Dinge führe zu einer »innerweltlichen Askese« (Troeltsch), die mit einer unevangelischen Weltverneinung einhergehe.[18]

Diese Vorwürfe sind von der Calvinforschung mit Recht zurückgewiesen worden. Denn auch wenn Calvin die irdische Existenz der Menschen im Unterschied zur erhofften, ja ersehnten himmlischen Herrlichkeit kontrastiert – und dann steht die Leere des irdischen Glanzes deutlich vor Augen –, so zählt auch das irdische Leben »mit Recht zu den Segnungen Gottes, die man nicht verachten darf«,[19] in ihm wird »die Süßigkeit der Güte Gottes«[20] schon geschmeckt – es ist eine Gabe der Freundlichkeit Gottes. Und doch ist es im Blick auf die kommende Herrlichkeit ein jämmerlicher Zustand.

Was bedeutet dieser Kontrast? Calvin hat die Sorge, dass sich viele Menschen mehr um das irdische und vergängliche Wohlergehen als um die wirklich beständigen Dinge kümmern. Aber wer um das weiß, was Bestand hat über den Tod hinaus, kann anders mit dem Tod umgehen, weil Christus wiederkommt. Calvin kennt deshalb sogar fast so etwas wie eine Todessehnsucht: »Das allein kann mich stärken, dem Tod freudig entgegenzusehen, wenn ich weiß, ich gehe zum ewigen Leben.«[21] Diese über das irdische Leben hinausreichende Hoffnung ist nach Calvin nun aber nicht allein als Trost zu verstehen, der angesichts der Anfechtungen und Leiden in dieser Welt aushalten lässt. Sondern sie wirkt direkt hinein in das irdische Leben und Handeln: »Die Auferstehungshoffnung treibt uns, Gutes zu wirken und dabei nicht müde zu werden.«[22] Wer sich also um seine eigene Zukunft und um die Zukunft der Welt nicht mehr sorgen muss, kann ihr erst recht zugewandt sein.

So vollzieht Calvins Theologie immer wieder einen Zirkelschluss. Es geht im ganzen Leben darum, Gott die Ehre zu geben. Das ist der Sinn menschlichen Lebens. Und wenn wir darauf vertrauen, dass Christus wiederkommt, der uns das Leben erworben hat, dann wirkt diese Erkenntnis lebensbejahend.

Die Meditatio futurae vitae, die Sehnsucht nach der Vollendung, die in diesem Leben nicht gelingen wird, setzt Kräfte frei.

Deshalb kann Calvin, seine eigene Theologie knapp zusammenfassend, auf die Frage, wie Gott recht geehrt wird, antworten:

Wenn wir all unser Vertrauen auf ihn setzen, wenn wir uns bemühen, ihm mit unserem ganzen Leben zu dienen, indem wir seinem Willen gehorchen, wenn wir ihn in allen Nöten anrufen und unser Heil, und was wir sonst uns an Gutem nur wünschen können, bei ihm suchen, und endlich, indem wir mit Herz und Mund ihn als alleinigen Urheber alles Guten anerkennen.[23]

Literaturhinweise zum Weiterlesen

Zu Kapitel II (Gottes- und Menschenerkenntnis)

Cornelis van der Kooi, Als in een spiegel. God kennen volgens Calvijn en Barth, Kampen 2002; englische Ausgabe: As in a mirror, John Calvin and Karl Barth on Knowing God, Leiden/Boston 2005.

Georg Plasger, Erkenntnis und Ehre Gottes. Überlegungen zum Verhältnis von zwei zentralen Begriffen bei Johannes Calvin, in: J.M.J. Lange van Ravenswaay/H.J. Selderhuis (Hg.), Reformierte Spuren, Wuppertal 2004, 103–110.

Zu Kapitel III (Schriftverständnis)

Peter Opitz, Calvins theologische Hermeneutik, Neukirchen-Vluyn 1994.

Herman J. Selderhuis, Gott in der Mitte: Calvins Theologie der Psalmen, Leipzig 2004.

Zu Kapitel IV (Trinitätslehre)

E. Calvin Beisner, God in Three Persons, Eugene 2004.

Arie Baars, Om Gods verhevenheid en zijn nabijheid. De Drie-eenheid bij Calvijn, Kampen 2005.

Eberhard Busch, Der dreieine Gott. Das Bekenntnis der Kirche zu Ihm, in: Ders., Gotteserkenntnis und Menschenerkenntnis. Einsichten in die Theologie Johannes Calvins, Zürich 2005, 11–29.

Zu Kapitel V (Gottes Schöpferhandeln)

Christian Link, Schöpfung. Schöpfungstheologie in reformatorischer Tradition (= Handbuch Systematische Theologie 7/1), Gütersloh 1991, 120–175.

Peter Wyatt, Jesus Christ and the Creation in the Theology of John Calvin, Allison Park 1996.

Zu Kapitel VI (Sünde)

Eva-Maria Faber, Symphonie von Gott und Mensch. Die responsorische Struktur von Vermittlung in der Theologie Johannes Calvins, Neukirchen-Vluyn 1999.

Zu Kapitel VII (Jesus Christus)

Klauspeter Blaser, Calvins Lehre von den drei Ämtern Christi, Zürich 1970.

Matthias Freudenberg, Das dreifache Amt Christi – eine »längst ausgepfiffene Satzung der Schultheologen« (H.Ph.K. Henke)? Zum munus triplex in der reformierten Theologie und seiner Bedeutung für das ökumenische Gespräch, in: J.M.J. Lange van Ravenswaay/ H.J. Selderhuis (Hg.), Reformierte Spuren, Wuppertal 2004, 71–96.

Zu Kapitel VIII (Gesetz)

Dieter Schellong, Das evangelische Gesetz in der Auslegung Calvins, München 1968

I. John D. Hesselink, Calvin's Concept of the Law, Allison Park 1992.

Zu Kapitel IX (Heiliger Geist/Glaube)

Werner Krusche, Das Wirken des Heiligen Geistes nach Calvin, Göttingen 1957.

Eva-Maria Faber, Symphonie von Gott und Mensch. Die responsorische Struktur von Vermittlung in der Theologie Johannes Calvins, Neukirchen-Vluyn 1999.

Zu Kapitel X (Erwählung)

Eberhard Busch, Gottes ewige Erwählung, in: Ders., Gotteserkenntnis und Menschenerkenntnis. Einsichten in die Theologie Johannes Calvins, Zürich 2005, 67–86.

Zu Kapitel XI (Heiligung)

Wilhelm Kolfhaus, Christusgemeinschaft bei Johannes Calvin, Neukirchen-Vluyn 1939.

Tjarko Stadtland, Rechtfertigung und Heiligung bei Calvin, Neukirchen-Vluyn 1972.

Eva Harasta, Lob und Bitte. Eine systematisch-theologische Untersuchung über das Gebet, Neukirchen-Vluyn 2005, 112–142

Zu Kapitel XII (Kirche)

Otto Weber, Die Einheit der Kirche bei Calvin, in: J. Moltmann (Hg.), Calvin-Studien 1959, Neukirchen-Vluyn 1960, 130–143.

Jan Weerda, Ordnung zur Lehre. Zur Theologie der Kirchenordnung bei Calvin, in: J. Moltmann (Hg.), Calvin-Studien 1959, Neukirchen-Vluyn 1960, 144–171

Alexandre Ganoczy, Ecclesia ministrans. Dienende Kirche und kirchlicher Dienst bei Calvin, Freiburg 1968.

Zu Kapitel XIII (Sakramente)

Wilhelm Niesel, Calvins Lehre vom Abendmahl, München 1935.

Thomas F. Torrance, Calvins Lehre von der Taufe, in: J. Moltmann (Hg.), Calvin-Studien 1959, Neukirchen-Vluyn 1960, 95–129

Ronald Wallace, Calvin's Doctrine of the Word and Sacrament, Eugene 1997.

Zu Kapitel XIV (Kirche und Staat)

Hans-Helmut Eßer, Demokratie und Kirche (am Beispiel Calvins), in: Zeitschrift für Religionspädagogik 26/1971, 319–333.

Hans Scholl, Reformation und Politik. Politische Ethik bei Luther, Calvin und den Frühhugenotten, Stuttgart 1976.

Eberhard Busch, Gemeinschaft und Freiheit. Impulse für eine demokratische Lebensform, in: Ders., Gotteserkenntnis und Menschenerkenntnis. Einsichten in die Theologie Johannes Calvins, Zürich 2005, 139–170.

Zu Kapitel XV (Eschatologie)

Heinrich Quistorp, Die letzten Dinge im Zeugnis Calvins, Gütersloh 1941.

Raimund Lülsdorff, Die Zukunft Jesu Christi. Calvins Eschatologie und ihre katholische Sicht, Paderborn 1996.

Anmerkungen

Die Zitate aus der Institutio entstammen der letzten Ausgabe von 1559. Die Übersetzungen der Institutio von 1559 sind der Ausgabe von Otto Weber, Unterricht in der christlichen Religion – Institutio christiane religionis, Neukirchen-Vluyn 1955, entnommen.

Zu Kapitel I: Johannes Calvins Lebensweg

1 Calvin-Studienausgabe Bd. 2, Neukirchen-Vluyn 1997, 299.

Zu Kapitel II: Gott und sich selber erkennen

1 Genfer Katechismus von 1545, Abschnitt 7, in: Calvin-Studienausgabe Bd. 2, Neukirchen-Vluyn 1997, 17.
2 Institutio I,1,1, in: Otto Weber, Unterricht in der christlichen Religion – Institutio christiane religionis, Neukirchen-Vluyn 1955, 1.
3 Vgl. Genfer Katechismus von 1545, Abschnitt 6, in: Calvin-Studienausgabe Bd. 2, Neukirchen-Vluyn 1997, 17.
4 Institutio I,3,1, in: Weber, Unterricht, 5.
5 Institutio I,6,1, in: Weber, Unterricht, 20.
6 1Kor 13,12.
7 Johannes Calvins Auslegung des Römerbriefs und der beiden Korintherbriefe, Neukirchen-Vluyn 1960, 435.
8 Ebd.
9 Ebd.
10 Institutio I,5,1, in: Weber, Unterricht, 10.
11 Genfer Katechismus von 1545, Abschnitt 14, in: Calvin-Studienausgabe Bd. 2, 19.
12 Institutio I,1,1, in: Weber, Unterricht, 1.
13 Genfer Katechismus von 1545, Abschnitt 6, in: Calvin-Studienausgabe Bd. 2, 17.
14 Vgl. z.B. J. Calvin, De aeterna praedestinatione, in: Calvini Opera 8, 294.
15 Genfer Katechismus von 1545, Abschnitt 7, in: Calvin-Studienausgabe Bd. 2, 17.

Zu Kapitel III: Die Heilige Schrift als Mitteilung des Wortes Gottes

1 Institutio I,13,1, in: Weber, Unterricht, 54.
2 Institutio I,7,2, in: Weber, Unterricht, 23.
3 Johannes Calvin, Opera Selecta III,12,11ff.
4 Peter Opitz, Calvins theologische Hermeneutik, Neukirchen 1994, 129.
5 Inst I,9,3, in: Weber, Unterricht, 36.
6 Inst. II,10,3, in: Weber, Unterricht, 261.
7 Inst II,10,4, in: Weber, Unterricht, 261.
8 Inst. II,11,4., in: Weber, Unterricht, 276.
9 Inst. I,6, in: Weber, Unterricht, 20.

Zu Kapitel IV: Wesen und Handeln des dreieinigen Gottes

1 Institutio I,13,2, in: Weber, Unterricht, 54.
2 Da ich mich auf die Einführung in die Theologie Calvins beschränke, kann hier keine differenzierte Aufarbeitung der Rolle Calvins im Servet-Prozeß erfolgen.
3 Institutio I,13,5, in: Weber, Unterricht, 57f.
4 Institutio I,13,11, in: Weber, Unterricht, 62.
5 Institutio I,13,14, in: Weber, Unterricht, 65.
6 Institutio I,13,18, in: Weber, Unterricht, 68.
7 Institutio IV,1,3, in: Weber, Unterricht, 686.
8 Arie Baars, Om Gods verhevenheid en Zijn nabijheid. De Drieeenheid bij Calvijn, Kampen 2004.

Zu Kapitel V: Staunen über Gottes Schöpferhandeln

1 Institutio I,5, in: Weber, Unterricht, 10.
2 Institutio I,5,11, in: Weber, Unterricht, 16.
3 Institutio I,5,14, in: Weber, Unterricht, 18.
4 Ebd.
5 Johannes Calvins Auslegung der Genesis, Neukirchen 1956, 6.
6 Ebd.
7 Ebd., 7.
8 Ebd., 8.
9 Ebd., 18.
10 Ebd., 9.
11 Ebd., 8.
12 Institutio I,13,18, in: Weber, Unterricht, 68.
13 Institutio I,5,6, in: Weber, Unterricht, 13.

14 Christian Link, Schöpfung. Schöpfungstheologie in reformatorischer Tradition (Handbuch Systematischer Theologie 7/1), Gütersloh 1991, 157.
15 Institutio I,16,1, in: Weber, Unterricht, 104.
16 Institutio. I,17,6, in: Weber, Unterricht, 118.
17 Ebd.
18 Institutio. I,16,9, in: Weber, Unterricht, 111.
19 Institutio. I,17,10, in: Weber, Unterricht, 121.
20 Institutio I,17,11, in: Weber, Unterricht, 122.
21 Zum Verständnis des Gesetzes siehe Kapitel VII.
22 Institutio I,5,10, in: Weber, Unterricht, 15.
23 Johannes Calvins Auslegung des 1. Korintherbriefs, hg. v. E.F.K. Müller, Neukirchen o.J., 212.

Zu Kapitel VI: Sünde – Entfremdung des Menschen von Gott und von sich selbst

1 Institutio I,1,1, in: Weber, Unterricht, 1.
2 Institutio II,1,5, in: Weber, Unterricht, 136.
3 Institutio II,1,4, in: Weber, Unterricht, 135.
4 Ebd.
5 Johannes Calvins Auslegung der Genesis, Neukirchen 1956, 63.
6 Institutio I,15,4, in: Weber, Unterricht 98.
7 Johannes Calvins Auslegung der kleinen Paulinischen Briefe, Neukirhen-Vluyn1963, 121. Vgl. auch Calvins Kommentar zu Joh 11,25: »Denn der Tod der Seele ist die Entfremdung von Gott.« Johannes Calvin, Auslegung des Johannes-Evangeliums, Neukirchen 1964, 288.
8 Institutio I,14,3, in: Weber, Unterricht, 98.
9 Augustin hatte die lateinische Übersetzung »in quo« in Römer 5,12 so verstanden, dass alle »in Adam« gesündigt hätten – und deshalb ein biologischer Grund für die Übertragung vorhanden sein müsse, den Augustin in der Begierde fand. Calvin aber übersetzt Römer 5,12 aus dem Griechischen richtig mit »weil« – er versteht Adam deshalb als Typus.
10 Institutio II,1,7, in: Weber, Unterricht, 138.
11 Institutio II,1,9, in: Weber, Unterricht, 140.
12 Institutio II,1,8, in: Weber, Unterricht, 139.
13 Institutio II,3,6, in: Weber, Unterricht, 169.
14 1Kor 15,47.
15 Institutio II,12,1, in: Weber, Unterricht, 285.
16 Institutio II,12,3, in: Weber, Unterricht, 286.
17 Institutio II,12,6, in: Weber, Unterricht, 289.

18 Ebd.
19 Institutio II,12,5, in: Weber, Unterricht, 288.
20 Johannes Calvins Auslegung der kleinen Paulinischen Briefe, Neukirchen-Vluyn 1963, 121.

Zu Kapitel VII: Jesus Christus: König, Priester und Prophet. Calvins Lehre vom dreifachen Amt Jesu Christi

1 Genfer Katechismus von 1545, Abschnitt 5, in: Calvin-Studienausgabe Bd. 2, 25.27.
2 Peter Opitz, Calvins theologische Hermeneutik, Neukirchen 1994, 122.
3 Genfer Katechismus von 1545, Abschnitt 5 und 6, in: Calvin-Studienausgabe Bd. 2, 27.29.
4 Institutio II,15,4, in: Weber, Unterricht, 310.
5 Genfer Katechismus von 1545, Abschnitt 5 und 6, in: Calvin-Studienausgabe Bd. 2, Neukirchen 1997, 27.29.
6 Institutio II,16,2, in: Weber, Unterricht, 313.
7 Institutio II,16,2, in: Weber, Unterricht, 314.
8 Ebd.
9 Institutio II,16,3, in: Weber, Unterricht, 314.
10 Ebd.
11 Institutio II,16,4, in: Weber, Unterricht, 315.
12 Genfer Katechismus von 1545, Abschnitt 5 und 6, in: Calvin-Studienausgabe Bd. 2, 27.29.
13 Institutio II,15,2, in: Weber, Unterricht, 308.
14 Genfer Katechismus von 1545, Abschnitt 6, in: Calvin-Studienausgabe Bd. 2, 29.

Zu Kapitel VIII: Das von Christus her zu verstehende Gesetz bringt Erkenntnis und Lebenshilfe

1 Institutio II,7,1, in: Weber, Unterricht, 205.
2 Institutio II,8,13, in: Weber, Unterricht, 225.
3 Institutio II,8,15, in: Weber, Unterricht, 227.
4 Institutio II,7,1, in: Weber, Unterricht, 205.
5 Ebd.
6 Institutio II,7,7, in: Weber, Unterricht, 209.
7 Institutio II,7,6, in: Weber, Unterricht, 209.
8 Institutio II,7,9, in: Weber, Unterricht, 211.
9 Institutio II,7,8, in: Weber, Unterricht, 210.
10 Ebd.

11 Institutio II,7,10, in: Weber, Unterricht, 212.
12 Institutio II,7,12, in: Weber, Unterricht, 213.
13 Ebd.
14 Institutio II,7,13, in: Weber, Unterricht, 214.
15 Barmer Theologische Erklärung vom Mai 1934, zitiert nach: G. Plasger/M. Freudenberg (Hg.), Reformierte Bekenntnisschriften, Göttingen 2005, 243.

Zu Kapitel IX: Das vornehmste Werk des Heiligen Geistes: Der Glaube

1 Institutio I,13,18, in: Weber, Unterricht, 68.
2 Institutio III,1,4, in: Weber, Unterricht, 339.
3 Institutio III,2,39, in: Weber, Unterricht, 372.
4 Institutio III,1,1, in: Weber, Unterricht, 337.
5 Institutio III,1,1, in: Weber, Unterricht, 337.
6 Calvini Opera 46,953.
7 Genfer Katechismus von 1545, Abschnitt 14, in: Calvin-Studienausgabe Bd. 2, 43.
8 Institutio III,2,14, in: Weber, Unterricht, 353.
9 Genfer Katechismus von 1545, Abschnitt 14, in: Calvin-Studienausgabe Bd. 2, 43.
10 Institutio III,2,15, in: Weber, Unterricht, 353.
11 Institutio III,2,15, in: Weber, Unterricht, 354.
12 Institutio III,2,16, in: Weber, Unterricht, 354.
13 Institutio III,2,17, in: Weber, Unterricht, 355.
14 Institutio III,2,20, in: Weber, Unterricht, 357.
15 Ebd.
16 Institutio III,2,34, in: Weber, Unterricht, 369.
17 Institutio III,2,19, in: Weber, Unterricht, 356.
18 Institutio III,2,19, in: Weber, Unterricht, 357.
19 Institutio III,11,7, in: Weber, Unterricht, 476.
20 Institutio III,2,24, in: Weber, Unterricht, 360.

Zu Kapitel X: Gottes erwählendes Handeln

1 Von der ewigen Erwählung Gottes (1551) 1562, in: Calvin-Studienausgabe Bd. 4, Neukirchen-Vluyn 2002, 79–149. Dieser Vortrag ist Ausgangspunkt für die hier vorliegende Darstellung, die von dort aus auch die Ausführungen in der Institutio-Ausgabe von 1559 in den Blick nimmt.
2 Von der ewigen Erwählung Gottes, 103.

3 Ebd., 97.
4 Ebd., 121.
5 Ebd., 129.
6 Heidelberger Katechismus von 1563, zitiert nach: G. Plasger/M. Freudenberg (Hg.), Reformierte Bekenntnisschriften, Göttingen 2005, 168.
7 Von der ewigen Erwählung Gottes, 125.
8 Ebd., 129.
9 Ebd., 135.
10 Institutio III,24,12, in: Weber, Unterricht, 658.
11 W. Kreck, Grundentscheidungen in Karl Barths Dogmatik, Neukirchen 1978, 308.
12 Institutio III, 24,5, in: Weber, Unterricht, 652.
13 Ebd.
14 Von der ewigen Erwählung Gottes, 117.

Zu Kapitel XI: Gottes heiligendes Handeln

1 Wider die Sekte der Libertiner (1545), in: Calvin-Studienausgabe Bd. 4, Neukirchen-Vluyn 2002, 235–355.
2 Brief an Pietro Martire Vermigli vom 8. August 1555, in: R. Schwarz, Johannes Calvins Lebenswerk in seinen Briefen. Eine Auswahl von Briefen Calvins in deutscher Übersetzung von Rudolf Schwarz. 2. Bd.: Die Briefe der Jahre 1548–1555, Neukirchen-Vluyn 1962, 794.
3 Lev 19,2; 1Petr 1,15f.
4 Institutio II,17,6, in: Weber, Unterricht, 334.
5 Dass der Mensch durch die Sünde seine Gottebenbildlichkeit verloren hat, können wir heute exegetisch so nicht mehr gut wiederholen. Der Grund für die reformatorische Aussage war die Kombination von Röm 1,23 mit der Aussage in Gen 1, dass der Mensch zu Gottes Ebenbild berufen wurde.
6 Institutio III,6,3, in: Weber, Unterricht, 443. Calvin verweist hier auf Röm 6,18.
7 Institutio III,3,20, in: Weber, Unterricht, 392.
8 Ebd.
9 Ebd.
10 Institutio III,19,2, in: Weber, Unterricht, 554.
11 Institutio III,19,10, in: Weber, Unterricht, 558.
12 Ebd.
13 Institutio III,6,5, in: Weber, Unterricht, 445.
14 Institutio III,14,9, in: Weber, Unterricht, 508.
15 Ebd.

16 Institutio III,14,19, in: Weber, Unterricht, 515.
17 Institutio III.20,28, in: Weber, Unterricht, 591.
18 Ebd.

Zu Kapitel XII: Die von Gott erwählte und zu gestaltende Kirche

1 Institutio IV,1,2, in: Weber, Unterricht, 684.
2 Institutio IV,1,3, in: Weber, Unterricht, 685.
3 Institutio IV,1,2, in: Weber, Unterricht, 684.
4 Institutio II,15,2, in: Weber, Unterricht, 308.
5 Institutio IV,6,9, in: Weber, Unterricht, 754.
6 Institutio IV,1,2, in: Weber, Unterricht, 684.
7 Institutio IV,2, in: Weber, Unterricht, 705.
8 Institutio IV,2,12, in: Weber, Unterricht, 713.
9 Institutio IV,2,11, in: Weber, Unterricht, 713.
10 Institutio IV,1,8, in: Weber, Unterricht, 690.
11 Institutio IV,1,8, in: Weber, Unterricht, 691.
12 Institutio IV,1,12, in: Weber, Unterricht, 693.
13 Institutio IV,1,16, in: Weber, Unterricht, 696.
14 Institutio IV,1,10, in: Weber, Unterricht, 692.
15 So Calvin in seiner Auslegung zum 1. Gebot in: Calvini Opera 24, 274. Calvin legt hier Deuteronomium 18,17 aus.
16 Calvin in seiner Auslegung zu Epheser 4, 11–14, in: Johannes Calvins Auslegung der kleinen paulinischen Briefe, Neukirchen-Vluyn 1963, 163.
17 Institutio IV,10,32, in: Weber, Unterricht, 827.
18 Vgl. Institutio IV,10,27, in: Weber, Unterricht, 823.
19 Calvin in seiner Auslegung zu Sacharja 10,5, in: Calvini Opera 44,291.

Zu Kapitel XIII: Göttliche ganzheitliche Pädagogik – Sakramente als Hilfsmittel

1 Vgl. zu Zwinglis Abendmahlsauffassung G.W. Locher, Grundzüge der Theologie Huldrych Zwinglis im Vergleich mit derjenigen Martin Luthers und Johannes Calvins, in: Ders., Huldrych Zwingli in neuer Sicht, Stuttgart/Zürich 1962, 173–274, bes. 250–254; G. Plasger, Das Sakrament als »widergedächtnis«. Einige Aspekte zum Verständnis von Taufe und Abendmahl bei Zwingli, in: H. Klueting/J. Rohls (Hg.), Reformierte Retrospektiven, Wuppertal 2001, 105–113.

2 Institutio IV,14,16, in: Weber, Unterricht, 888.
3 Institutio IV,14,14, in: Weber, Unterricht, 887.
4 Ps 34,9.
5 Institutio IV,15,1, in: Weber, Unterricht, 898.
6 Institutio IV,15,6, in: Weber, Unterricht, 900.
7 Calvin in seiner Auslegung zu 1Kor 1,13, in: Johannes Calvins Auslegung des Römerbriefs und der beiden Korintherbriefe, Neukirchen-Vluyn 1960, 315.
8 Calvin in seiner Auslegung zu 1Kor 1,13, in: Johannes Calvins Auslegung der Heiligen Schrift in deutscher Übersetzung. Der erste Brief an die Korinther, Neukirchen-Vluyn o.J., 19.
9 Ebd.
10 Institutio IV,15,13, in: Weber, Unterricht, 905.
11 Institutio IV,15,22, in: Weber, Unterricht, 912.
12 Institutio IV,16,6, in: Weber, Unterricht, 916.
13 Vgl. E. Busch, Das Verständnis der Taufe und die Frage der Erneuerung der kirchlichen Taufpraxis, in: Reformierte Kirchenzeitung 131 (1990), 116–120.145–150. Einmal fällt auf, dass die Kindertaufe und die Taufe generell bei den Reformatoren Luther, Zwingli und Calvin unterschiedlich begründet werden. Und zweitens ist ebenso deutlich, dass zwischen Luther auf der einen Seite, der den Kinderglauben voraussetzt, und Zwingli und Calvin auf der anderen Seite, die mehr die Bundeszusage Gottes betonen, auch in der Begründung der Kindertaufe zu unterscheiden ist.
14 Institutio IV,17,1, in: Weber, Unterricht, 940.
15 Genfer Katechismus von 1545, Abschnitt 51, in: Calvin-Studienausgabe Bd. 2, 125.
16 Institutio IV,17,3, in: Weber, Unterricht, 942.
17 Institutio IV,17,4, in: Weber, Unterricht, 942.
18 Institutio IV,17,19, in: Weber, Unterricht, 955.
19 Genfer Katechismus von 1545, Abschnitt 53, in: Calvin-Studienausgabe Bd. 2, 131.
20 Institutio IV,17,41, in: Weber, Unterricht, 983.
21 Institutio IV,17,42, in: Weber, Unterricht, 984.
22 Ebd.

Zu Kapitel XIV: Der Staat als göttliche Anordnung zur Förderung der Menschlichkeit

1 W. Niesel, Die Theologie Calvins, München 1957, 226.
2 Institutio IV,1, in: Weber, Unterricht, 683.
3 W. Niesel, Randbemerkungen zu Calvins Staatslehre, in: Reformierte Kirchenzeitung 1983, 293f.

4 Institutio IV,20,1, in: Weber, Unterricht, 1033.
5 Institutio IV,20,2, in: Weber, Unterricht, 1034.
6 Ebd.
7 Vgl. Institutio I,1,1, in: Weber, Unterricht, 1.
8 Institutio IV,20,2, in: Weber, Unterricht, 1034.
9 Institutio IV,20,3, in: Weber, Unterricht, 1035.
10 Institutio IV,20,11, in: Weber, Unterricht, 1042.
11 Institutio IV,20,12, in: Weber, Unterricht, 1043.
12 Institutio IV,20,6, in: Weber, Unterricht, 1037.
13 CR 28, 693.
14 Institutio IV,20,6, in: Weber, Unterricht, 1037.
15 Hans Scholl, Reformation und Politik, Stuttgart 1976, 56f.
16 Ebd., 54.
17 Siehe Calvini Opera 11, 364.
18 E. Busch, Gotteserkenntnis und Menschlichkeit. Einsichten in die Theologie Johannes Calvins, Zürich 2005, 156.

Zu Kapitel XV: Sehnsucht nach Vollendung

1 Institutio I,5,10, in: Weber, Unterricht, 15.
2 Institutio III,25,10, in: Weber, Unterricht, 678.
3 Johannes Calvins Auslegung der Heiligen Schrift in deutscher Übersetzung. Evangelienharmonie, 2. Hälfte, Neukirchen-Vluyn o.J., 279.
4 Institutio III,25,12, in: Weber, Unterricht, 680.
5 Institutio II,16,18, in: Weber, Unterricht, 328.
6 Der Brief an die Römer, in: Calvin-Studienausgabe Bd. 5.2, Neukirchen-Vluyn 2007, 421.
7 H. Quistorp, Die letzte Dinge im Zeugnis Calvins. Calvins Eschatologie, Gütersloh 1941, 188.
8 Institutio III,9,4, in: Weber, Unterricht, 464.
9 Kommentar zu 1Thess 4,17, in: Johannes Calvins Auslegung der kleinen paulinischen Briefe, Neukirchen-Vluyn 1963, 381.
10 Kommentar zu 1Kor 13,12, in: Johannes Calvins Auslegung des Römerbriefs und der beiden Korintherbriefe, Neukirchen-Vluyn 1960, 435.
11 Vgl. Calvins Kommentar zu 2Ptr 3,10, in: Johannes Calvins Auslegung der Heiligen Schrift in deutscher Übersetzung. Ebräerbrief und katholische Briefe, Neukirchen-Vluyn o.J., 314f.
12 Institutio III,25,8, in: Weber, Unterricht, 674.
13 Institutio III,25,8, in: Weber, Unterricht, 676.
14 Im Brief an Lelio Sozzini von Ende Juni 1549, in: R. Schwarz (Hg.), Johannes Calvins Lebenswerk in seinen Briefen.

2. Bd.: Die Briefe der Jahre 1548–1555, Neukirchen-Vluyn 1962, 482.

15 H. Quistorp, Die letzte Dinge im Zeugnis Calvins. Calvins Eschatologie, Gütersloh 1941, 70.

16 W. Niesel, Die Theologie Calvins, München 1957, 151.

17 H. Scholl, Barth als Interpret der Psychopannychia Calvins, in: H. Scholl (Hg.), Karl Barth und Johannes Calvin. Karl Barths Göttinger Calvin-Vorlesung von 1922, 155–171, 170.

18 So z.B. M. Schulze, Meditatio futurae vitae, ihr Begriff und ihre herrschende Stellung im System Calvins, Leipzig 1901. Zur Auseinandersetzung vgl. H. Quistorp, Die letzten Dinge im Zeugnis Calvins. Calvins Eschatologie, Gütersloh 1941, 46–49.

19 Institutio III,9,3, in: Weber, Unterricht, 463.

20 Institutio III,9,3, in: Weber, Unterricht, 464.

21 Kommentar zu 2Kor 5,1, in: Johannes Calvins Auslegung des Römerbriefes und der beiden Korintherbriefe, Neukirchen-Vluyn 1960, 526.

22 Kommentar zu 1Kor 15,58, in: Johannes Calvins Auslegung des Römerbriefes und der beiden Korintherbriefe, Neukirchen-Vluyn 1960, 470.

23 Genfer Katechismus von 1545, Abschnitt 1, in: Calvin-Studienausgabe Bd. 2, 17.

Bild- und Quellennachweise

S. 29 Mit freundlicher Genehmigung der Lippischen Landesbibliothek, Detmold.

S. 45 Text: Matthias Jorissen. Abdruck mit freundlicher Genehmigung der Ev.-ref. Kirche, Leer.

S. 115 Mit freundlicher Genehmigung der Ev.-ref. Gemeinde Emden.

S. 125 Aus: Kirchenbuch. Gebete und Ordnungen für die unter dem Wort versammelte Gemeinde, Neukirchen-Vluyn 1983, 257.

S. 140 Text: Matthias Jorissen. Abdruck mit freundlicher Genehmigung der Ev.-ref. Kirche, Leer.

Calvin verstehen

V&R

Peter Opitz

Leben und Werk Johannes Calvins

2009. Ca. 160 Seiten, gebunden
ISBN 978-3-525-55000-7
Erscheint im März 2009

Die Biographie von Peter Opitz ist die ideale Ergänzung zu dem Band von Georg Plasger.

Reiner Rohloff

Calvin kennen lernen

2008. 96 Seiten, kartoniert
ISBN 978-3-525-56967-2

Johannes Calvin, theologischer Lehrer, Prediger, Seelsorger und Kirchenpolitiker. Ebenso prägend wie umstritten – und überraschend aktuell.

Eberhard Busch

Eine Spur von Gottes Hand und Fuß

Worte von Johannes Calvin

2008. 45 Seiten, kartoniert
ISBN 978-3-525-63300-7

Eine Sammlung von inspirierenden, auch den Alltag erhellenden Aussprüchen des Genfer Reformators Johannes Calvin hat E. Busch zusammengestellt.

Christopher Elwood

Calvin für zwischendurch

Aus dem Englischen von Margit Ernst-Habib.
Theologie für zwischendurch.
2007. 195 Seiten mit 84 Karikaturen von Ron Hill, kartoniert
ISBN 978-3-525-63381-6

Humorvolle Kompakteinführung in die Schlüsselmomente der Theologie Calvins, die Augen für gesellschaftliche Ausrichtungen der modernen Welt öffnet.

Rudolf Bohren

Beten mit Paulus und Calvin

2008. 157 Seiten, gebunden
ISBN 978-3-525-63386-1

Die Seelsorge und das Beten sind eng miteinander verwoben, wie Paulus und Calvin es zeigen. Rudolf Bohren führt uns mit seinen von Calvin inspirierten Gebeten zu paulinischen Texten auf dem Weg im Glauben weiter.

Vandenhoeck & Ruprecht

Reformationsgeschichte

V&R

Glenn S. Sunshine
Reformation für zwischendurch
Aus dem Englischen von Gesine Schenke Robinson.
Theologie für zwischendurch.
2008. 256 Seiten mit 40 Karikaturen von Ron Hill, kartoniert
ISBN 978-3-525-55396-1

Die wichtigsten Schauplätze der europäischen Reformation in einem Band! Dazu ihre wichtigsten Fans und Feinde, die interessantesten Themen und Streitigkeiten, die besten Anekdoten und Nebenschauplätze.

Martin H. Jung
Die Reformation
Theologen, Politiker, Künstler
2008. 179 Seiten mit 9 Abb., kartoniert
ISBN 978-3-525-55782-2

Anhand von Schlüsselgestalten erzählt Jung von der Reformation und macht mit Haupt- und Nebenpersonen dieses großen Theaters bekannt: mit Anhängern und Gegnern, Politikern und Bischöfen, Künstlern und Gelehrten.

Herman J. Selderhuis (Hg.)
Calvinus sacrarum literarum interpres
Papers of the International Congress on Calvin Research
Reformed Historical Theology, Band 5.
2008. 302 Seiten, gebunden
ISBN 978-3-525-56914-6

Dieser Band wird zu einem Wegweiser für die künftige Richtung der Calvinforschung und mitbestimmend für die Reformationsforschung im Allgemeinen, denn seine Beiträge reflektieren die neuesten Forschungen zur Biographie und Theologie von Johannes Calvin.

Wilhelm H. Neuser
Johann Calvin – Leben und Werk in seiner Frühzeit 1509-1541
Reformed Historical Theology, Band 6.
2008. Ca. 384 Seiten, gebunden
ISBN 978-3-525-56915-3

Diese Biographie stellt die verschiedenen Zusammenhänge des frühen Lebens von Johannes Calvin dar. Der Autor fokussiert insbesondere auch die Personen und die Ideen, die sich einflussreich auf Calvin auswirkten.

Vandenhoeck & Ruprecht